杉本彩の

男を虜《とりこ》にする料理

Aya Sugimoto Recipe Book

はじめに

この度は、『杉本彩の男を虜にする料理』に興味を持ってくださって、ありがとうございます。「男を虜にしたい……」これは究極の女の願いですよね。

さて、料理が趣味なわけでもない、頻繁に料理する機会があるわけでもない、そんな私が料理のレシピ本を出版することになるとは……数年前の私には、想像もつかないことでした。けれど、そんな状況が一変したきっかけが、テレビ朝日の料理バラエティー番組『愛のエプロン』への出演です。この番組によって、私に対する世間のイメージが、かなり変わったように思います。

かつて11年間の結婚生活を経験した私ですが、やはり外見のイメージから、何もしない女王様的な人と思われがちで、家庭的なことは一切苦手に見えるらしく、料理できることに意外性があったようでした。経験と創造力を活かして作った料理は、いつも番組内で高評価を得て、料理女王の座に就いたことも度々ありました。そんなわけで、私の女性としての別の側面が見え始め、近づくと被害者にされそうという男性からの先入観のまなざしに、少しずつ安心感が加わってきたように感じます。一般的に外見が派手な女イコール料理ができないみたいな、世間の先入観を覆すのにも、だいぶ貢献できたのではないでしょうか。

料理は、私の人生にダンスと同様、転機をもたらしてくれました。『愛のエプロン』への出演で、久々に真剣に料理する機会に恵まれ、料理するということの素晴らしさを見つめ直し、感じたことがたくさんあります。誰かのために料理して、共にそれを食するということが、本当に官能的で心豊かな行為であることを、改めて実感させられたのです。

愛する男のため、家族のため、友人のため、時には自分のために、様々な形で愛は存在します。愛があれば、料理の腕もまた磨かれていく。その愛を料理に込めて伝えることの素晴らしさ……。とはいうものの、私も仕事が忙しく、細かい作業は大嫌い。だから、そんな方でもなるべく苦にならない、やる気を損なわないような、けっこう大ざっぱでも出来るメニューも取り入れてみました。

『愛エプ』のモットーである“料理は愛だ！ 愛があればLOVE IS OK!!”、料理はその言葉に集約されていると思います。だからこそ、食材を自在に扱うことが、愛の行為とリンクして官能的であるのです。そして料理から愛の実像を見いだす男たちを、料理によって虜にすることも可能なのです。

皆さんの人生が、より官能的で心豊かなものになるよう、少しでもお役に立てれば嬉しく思います。

CONTENTS

杉本 彩の　男を虜《とりこ》にする料理

CONTENTS

テーマ1

男と女と料理と人生

「私は、料理に対しても人間に対しても常にセンシティブでいたい。
食事も恋愛も、感性が大切。
だから、食事に対する感覚が合わない男性とは、
当然恋愛に発展するはずがないんですよね」

人生において、大切なことはなんですか？　そう聞かれたら、たくさんあって迷ってしまうけれど、もし３つに絞るとなれば、即答できるものがあります。それが仕事、恋愛、食事。これはまさしく、私の人生における重要な３本柱。すべてが様々な形でリンクしているから、どれか１つでも欠けたら、私の人生は完成しない。私にとって食事は、仕事、恋愛と同じくらい大切なものです。

なぜなら、食事は感性を磨き続けるための大切な源だから。感性を豊かにすること。それは人生を豊かにするための第一歩です。人生は一度きり。感動のない人生、情熱のない人生なんて、つまらない。何も感じない、そんな不感症みたいな人生は絶対に嫌。好奇心旺盛に五感をフル活用して、そこから感じたものを自分の栄養にして……。私は、いつだって感じやすい女でいたいと思っています。そのためには、やはり自分の感性を刺激してくれるものにしっかり目を向け、心を傾けることが大切。本当に豊かな人生とは、そういうところから築かれていくものです。

食事は
感性を磨き続けるための
大切な源

食事が感性を磨く？　もしかしたら、理解できないという方もいるかもしれません。世の中には「空腹をしのげれば、なんでもいい」というくらい食事を軽視している方もいる、と聞きますから。けれど「なんでもいい」なんて私には到底信じられない！　たとえどんなに夜遅くなっても、私は必ず「おいしい！」と満足できる食事をとります。それがなければ私の一日は完結しません。「簡単に済ませればいいや」なんていう感覚は、私の中にないのです。

食事は、肉体を作るということだけでなく、いい映画を観たり、いい本を読むことと同じで、感性を磨き、研ぎ澄ましていくために、とても重要なもの。視覚、味覚、嗅覚、触覚、聴覚、いわゆる五感すべてを刺激し、ダイレクトに感性に訴えかけてくるものです。それを「なんでもいい」なんて、おろそかにしてしまったら、何かが欠落してしまい、人生の豊かさが半減してしまうのは当然のことですよね。

私が、そういった食事の重要性というものを頭で理解するようになったのは、10代半ばころ。意外と早かったんです。モデルの仕事を始め、すでに社会に出ていたということも影響しているのでしょう。外食をする機会も多く、早い段階から食事の楽しみというものを覚えていました。大人になるにつれ、お酒を嗜む悦びも加わり、食事への意識はさらに高まっていったのです。

でも、当時は好きなものを好きなだけ食べていただけ。正直言って20代のころの私の食生活といったら、暴飲暴食の極みのようなもの。美容や健康を意識した食生活など、まったく考えてもいませんでした。

ですから、食の重要性を頭で理解したのは10代半ばであっても、身をもって理解したのはもっと先のこと。いよいよ、どうにも改善しないお肌や体の不調が訪れた20代後半のころ、私は初めて自分の体のための食生活改善に乗り出したのです。これが始めてみて、びっくり！　それまでの不調がまるで嘘のように改善されていくのでした。食こそ、美や健康を支える要。私にとって20代後半〜30代前半は、まさに、それを痛感させられる時期でした。

今はむしろ、20代のころより元気なんじゃないかしら？というくらい、いたって健康。つまり、年齢は関係ないんですよね。暴飲暴食が当たり前に体を蝕んでいくのと同じで、バランスのよい食生活を心がければ、体は必ずそれに応えてくれる。体は、その人の生活状態を正直に映し出しているだけなのです。

何を食べているかによって、その人の心も体もわかってしまう。そんなことだってあります。たとえば、肉食動物か草食動物か。ライオンやトラといった攻撃的な肉食動物と、ウマやヤギといった保守的な草食動物と、その性質の違いは誰が見ても一目瞭然ですよね。人間も、お肉を食べる人なのか、まったく食べない人なのかによって、同じように、はっきり種類が分かれると思うんです。食事の好みは、体つきや考え方、性格にまで反映されるもの。たかが食事の好み、とあなどってはだめ。食事は、その人の心と体を作り上げる大切なものなのです。

特に恋愛関係を築く上では、いかに食事が重要なことか。食事は、その人の感性を表します。食に対して「なんでもいい」という男性なら、恋愛だって「なんでもいい」になりかねません。そんな男性を心から愛せるか、といったら、とうてい無理でしょう？

食事も恋愛もイマジネーションが大切。そもそも、料理という行為は想像力なくして成り立たないものですし、食事というものは、料理に対して「どんな悦びを与えてくれるのかしら？」なんて探求しつつ、分析しつつ、イマジネーションを膨らませながら食べるのが素敵なあり方だと思うのです。

恋愛に関しても同じ。恋愛を始め、成熟させ、継続させる。そのすべての段階において想像力は必要不可欠です。「この人はどんな人なのかしら？」と相手のことを想像して、探求して……そんな行為は、たまらなくセクシーですよね。

想像するって、すごく感性豊かな行為。想像力がないと、人生楽しくないし、現実しか捉えられないという人は、人生が豊かじゃないわ、なんて思っちゃう。私は、料理に対しても人間に対しても常にセンシティブでいたい。食事も恋愛も、感性が大切。だから、食事に対する感覚が合わない男性とは、当然恋愛に発展するはずがないんですよね。

食事は、恋愛の入り口。恋愛において、食事というプロセスは、実はセックスと同じくらい比重が大きいものなのです。

愛せる男かどうか?
一緒に食事をするということの意味

男女間においてセックスの相性が重要なように、食事の相性もきわめて重要です。どんなに相手のことを愛していても、相性がよくなければ、どこかで歪みが出てくるもの。まして生活を共にするとなれば、深刻な問題。食事の相性が合わない相手と暮らすのは、かなりきついものがあります。

だからこそ、気になる相手ができたら、まずは一緒に食事をしてみること。初めは、男と女という関係を意識させなくてもいい。さりげなく食事に誘ってみるんです。それでも、結果的に２人で食事をするということになれば、よほど仕事の打ち合わせでもない限り、根底にあるのは男と女。支払いが割り勘じゃない限りは、あくまで男と女なんです。そういった食事の場で、相手との相性を見極めてしまえば、あとから「こんなはずじゃなかった」というような失敗も防げるはず。まさに食事は恋愛の入り口なのです。

初めての食事で重要なのは、お店選び。これは必ず男性にまかせるべきです。どんな相手だろうと、女性がコーディネイトしては絶対だめ。そうしないと、相手の感性が見抜けません。どんなお店を選んで、どういうふうに連れていってくれるか。これは、その人の歴史の一部なわけですから、じっくり見ておきたいところ。ただ、決して高級なお店でないとだめ、ということではありませんよ。どんなお店でも「今の俺の精一杯を見てくれ」という姿勢が伝わってくれば嬉しいでしょう？　逆に、「これがありのままだから」と開き直ったお店選びは、怠慢な感じがして嫌。初めてのデートで突然ラーメン屋に連れていかれたりしたら、「狙いすぎてない？」と思うし、すごくラクな女に見られている気がします。男と女になる場合は、やはり、男の人が自分なりに目一杯エネルギーを使っているんだってことを見せてほしいですよね。

お店に行ったら今度は注文の仕方や食べ方、場の雰囲気に対するフィーリングの部分でも、なんとなく相性の良し悪しは見えてきます。完全にマナーを習得しているだとか、料理やお酒の知識があるだとか、そういうことが重要ではないんです。もっと本能的な部分。いかに自分を心地よくさせてくれるか、というのが重要ですね。

食事のスタイルや好みも大切。たとえば、お酒を飲む人と飲まない人とでは、食事にかける時間やお金も変わってきますよね。私は、食事のときには必ずお酒をいただくスタイルなので、やはり一緒にゆっくりと時間をかけてお酒と食事と会話を楽しめる人が好き。毎日そうでないとだめ、ということではないけれど、ときには、そういうスタイルを前向きに楽しめる人が素敵だと思う。「食事はサラッと。時間がもったいない」なんていう合理的な人は苦手です。好みに関しても「なんでもいい」という無感心な人は嫌。どんな料理においしいと感動できるのか、そのこだわりは持っていてほしいものです。

食事を共にすると、相手の男性がどういうふうに育って、どういう生き方をしてきたか、ぼんやりと全体像が見えてくる。私は、そこで「この人となら」という希望が見えなければ、お付き合いするという展開にはまずなりません。それだけ私にとって食事は重要。食事を共にするというステージを飛び越えて、いきなり恋愛に発展するということなど、ありえないのです。

食の好みは、生まれ育った土地や環境、家庭の味などによって千差万別。好きになった男性の好みが、自分の好みと合うかどうか……それって、なかなか心配なところでもありますよね。そのために一緒に食事を重ねて、好みを探ることが大切なのだけれど、そもそもなぜ、食事の好みにこだわるかといえば、やはり、2人が共感し合えるかどうか。そこが鍵になっていると思うのです。

美しい景色を見たら、一緒に素敵だねと共鳴し合いたいし、素晴らしい映画を観たら、一緒に感動できる仲でいたい。味覚に関しても同じ。おいしいものを食べて、一緒においしいと喜びたい。つまり、お互いの感性に共感し合うということが大事なんですよね。

そういった角度から考えてみると、私がどうしても恋愛に発展しない男性のタイプがいます。まず、お肉を食べない人。お肉が大好き、根っからの肉食動物という私にとって、そこに共感してもらえないのは、やっぱりつらい。お友達ならまったく気になりませんが、一歩踏み込んだ恋愛関係となると、すごく気になってしまいます。それから、極端な偏食をする人というのも、なんだか視野が狭い気がしますね。味覚がない、という人もダメ。おいしいのかおいしくないのかわからない、という人は困ったものです。そういう人って、感性が豊かじゃないということでしょう？　つまらない男だわ、と呆れてしまいます。

相手に合わせる？
自分好みに染める？

それに比べて、感性はあるけど味覚が育っていない、という人は好き。そういう人にはいろいろ教えてあげれば開発されてきますから。ましてや、今まで知らないだけ、ということなら、新しい発見に対する悦びは、一段と大きいもの。それを見ているとすごく楽しい。私が開拓してあげているんだわ、と嬉しくなります。育て甲斐、磨き甲斐がある。そんな男性は大好きですね。

ですから、好みを相手に合わせるか、自分好みに染めるか、といったら、私は明らかに後者。もちろん、相手のことを理解しようとするし、相手のいいところに影響を受けて取り入れることもあります。甲斐甲斐しく世話を焼いたり、相手に尽くすことへの喜びもある。でも、絶対的な自分は曲げられない。そもそもが女帝体質ですから、間違ってないことに関しては「君の言うことがすべて」「君の作った料理が最高」と言ってくれる男性じゃないと嫌。自分の好きなように相手を染めていくというのが、性に合っているんです。

でも、はじめから相手の好みを否定して、自分の好みを押し付けてばかりいては、相手もうんざりしちゃう。自分がいいと思うものを「ほら、素敵でしょ、おいしいでしょ」と提案していきながら、気付かないうちに洗脳していくことが大切。私の場合は何度も何度も京都に連れて行っては、京都のお料理を食べてもらったりして。そうすると自然に「京都の味が一番おいしい」ということになっていくのです。

もしかしたら私は、自然とそういう相手を選んでいるのかしら？　相手に合わせるか、自分好みに染めるか。それって、相手が食べ物に対してこだわりを持っている人かどうか、年上なのか年下なのか、もともとどちらからアプローチしてお付き合いが始まったのか、そんな２人の関係性によって変わってくるものなのでしょうね。

杉本流、料理の基本

私の料理は煮込むだけ、和えるだけ、といった、とても大ざっぱで簡単なものが多いんです。それは私自身が、いくつもお鍋を使ったり、細かい工程を必要とする面倒くさい料理が嫌いだから。とはいえ、すべてを簡略化すればいいかといえばそうでもなくて、押さえるべきところは押さえるのが杉本流です。

その最たるものがだし。お料理の性質上必要な場合を除いて、私はほとんどインスタントだしを使いません。なぜかというと、インスタントだしは塩分を含んでいるものが多く、私にとっては逆に味付けが難しくなってしまうのです。今回ご紹介しているレシピも、かつおだし、チキンスープは右ページに紹介したやり方でとったもの、インスタントだしは無塩のものを使用していますので、もし塩分が入ったインスタントだしを使う場合は、味付けの際に注意が必要です。そうでなくても、調味料を入れる際は一度に入れず、少しずつ、味見をしながら加えていくのがよいでしょう。

また、こしょうは香りをよくするため粒で買ってその場でひくようにしていますし、ゴマ油は使う場面によって２種類を使い分けています。醤油や味噌はものによってだいぶ味が変わりますが、私はやっぱり関西風のまろやかなものが好き。今回のレシピではだし醤油がよく出てきますが、調理の際にはお気に入りのかき醤油（P.120 参照）を使いました。

料理を成功させる秘訣はとにかく味見をすること。是非、ご自分ならではの「好きな味」を見つけてみてください。

右の透明なものは、太白ゴマ油といって、ゴマを生のまま搾り、色と香りを抑えて旨味を引き出したクセのないゴマ油。炒めるときにはこの太白ゴマ油を、最後に風味付けとして加えるときは香りの強い茶色いゴマ油を使っています。

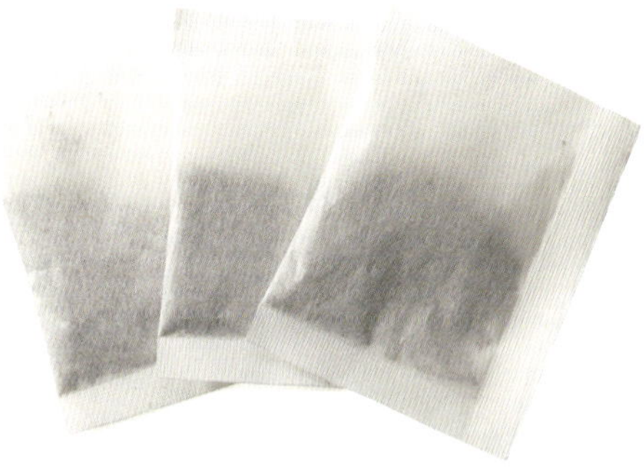

洋風煮込み料理の風味付けに欠かせないブーケガルニ。パセリ、タイム、ローリエ、セロリなどの香草を糸で縛ったものを使うこともありますが、最近はこうしたパックに入ったものも売っているので、とても手軽。レシピに書いてある1パックとは、これのことです。

基本のだしのとり方

時間がかかるチキンスープは、多めにとっておいて、
残りは冷凍するのがおすすめ。
かつおだしはとても簡単なので、気軽に作ってみてください。

鶏ガラスープ（チキンスープ）

材料（作りやすい分量）

鶏ガラ……2羽分
水……10カップ
日本酒……1カップ
長ねぎ（青い部分）……2本分

作り方

❶ 鶏ガラは、熱湯で表面の色が変わるまでゆでてから取り出し、骨のまわりについている血の塊や、脂肪、内臓を取りのぞいてきれいに洗う。

❷ 深鍋に水と日本酒、**1**、長ねぎを入れて強火にかける。

❸ ひと煮立ちしたら、火を弱めてアクをきれいにすくい取る。

❹ スープの表面が軽く揺れる程度の火加減で1時間ほど煮出す。

❺ ザルにペーパータオルなどをしいて、**4**を濾す。

かつおだし

材料（作りやすい分量）

昆布……10cm角×2枚
かつお削り節……80g
水……10カップ

作り方

❶ 昆布は固く絞った布巾などで表面についている汚れや砂を拭き取り、鍋に入れた水に30分以上つけておく。

❷ **1**を中火にかけ、ゆっくりと沸かす。

❸ 沸騰する直前に昆布を取り出して、1/2カップの水（分量外）を加えて温度を下げる。

❹ 削り節を**3**の鍋に加えて弱火にかけ、3分ほど煮る。

❺ ザルにペーパータオルなどをしいて、**4**を濾す。

そもそも私がお料理を始めたのは、中学２年生のころ。両親がお店を始めて、夜、家を空けるようになったことがきっかけでした。忙しい母に代わって夕ご飯を作る。私はお小遣い欲しさに、軽い気持ちで、そう言い出したのです。それからというもの、学校のクラブ活動が終わると家に帰り、妹と祖母と私、３人分のご飯を用意するということが私の大切な日課となりました。一日、最低でも二品は作っていましたから、当然レパートリーも増えます。今思えば、そのころの経験が私の料理人生の基礎になっているのだと思います。

料理は一番の愛情表現

とはいっても、当時は、ただただ義務感に追われて作っていたという感じ。引き受けてしまった以上は……という想いだけで、料理をすることの悦び、食べる悦びを、真の意味で理解するまでには至っていませんでした。

その悦びに目覚めたのは、20歳を過ぎてからでした。前の夫と結婚する前、付き合い始めたばかりのころ、彼を自宅に招いたことがあったのですが、せっかく彼が来るならと、ご飯を作ることにしたんです。当時はまだ私も若く、リサーチ力がなかったもので、男の人には絶対和食！　と思っていたみたい。具体的な献立は思い出せないけれど、確かブリの照り焼きと、ほかにも和風のお惣菜を何品か作り、とことん和食で攻めてみたら……。これが、おもしろいほど効果的な手ごたえがあったんです。恋愛の延長線上にある料理にはものすごい威力があるんだわ、とそこで初めて気づきました。好きな男性に、自分の手料理をおいしいと言ってもらえることが、とても嬉しかったし、なにより料理は一番の愛情表現だと確信したんです。

結婚してからは、さらにその想いが増していきました。相手の体調が悪いときには、鍋焼きうどんを作ってあげる。そんな夫婦生活で当たり前のように思えることの一つ一つが、ものすごく大切なことなんだなと痛感しました。愛情確認という面で料理はとても効果的だということを、実感として知ったのです。

自分好みに染めていくタイプの私ですが、やはり相手が喜んでくれなければ、作る悦びもありません。相手がおいしいと喜んでくれて、自分もおいしいと喜べる料理。それが一番、理想的ですよね。

その点、私が少し得しているかな、と思うのは、豪快な肉体労働者系の男飯が好きだということ。カレーにラーメン、とにかく炭水化物が大好きで、どれだけフルコースを食べたあとでも、最後に炭水化物を食べないと食事を終えた気がしないほど。具だくさんの豚汁なんて、ご飯と一緒に何杯でも食べられちゃう。カツ丼に親子丼、丼ものには目がないから、大好きな豚汁も、残りを使って翌日にはカレー丼にアレンジ。そんな杉本彩って、意外かしら？　でも、そのおかげで、男性の好みと大幅にずれないでいられるんですよ。

自分の作った料理を好きな相手と一緒においしく味わえるのは、最高の贅沢。料理は作る悦び、食べる悦びあってこそ。２人の愛情を確認しあえるような料理を目指したいものです。

杉本流
具だくさんの豚汁

豚汁のアレンジ カレー丼

豚汁は多めに作っておいて、余ったら翌日はカレー丼に。
そんな料理の展開も、女の腕の見せ所。

杉本流 具だくさんの豚汁

豚汁は、具材・味噌選びや、塩分・甘味などの調整によって作る人の個性が出やすいメニュー。相手の好みに合わせるか、自分流の味を叩き込むのか、どちらも有効的に使えるお料理のわりに、細かい手順は不要なので、まさに困ったときの豚汁です。

材料（作りやすい分量）

豚バラ肉（薄切り）……150g
ごぼう……1本
大根……100g
にんじん……1/2本
こんにゃく……1/2枚
長ねぎ……1/2本
水……5カップ
日本酒……大さじ4
味噌……100g
七味唐辛子……適量
太白ゴマ油……大さじ2
しょうがしぼり汁……大さじ1強

作り方

❶ ごぼうは乱切り、大根とにんじんはいちょう切り、こんにゃくは手でちぎる。長ねぎは斜め切り、豚バラ肉は食べやすい大きさに切る。

❷ ごぼうは酢水に浸けておく。こんにゃくは下ゆでする。

❸ 鍋に太白ゴマ油を熱し、豚バラ肉を炒める。色が変わるまで炒めたら、ごぼう、大根、にんじん、こんにゃくを入れてさらに炒める。

❹ 水と日本酒を加えて、ひと煮立ちさせたらアクを取る。

❺ 10～15分ほど煮て野菜がやわらかくなったら長ねぎ、しょうがしぼり汁を入れる。味噌を半量加えて溶きのばし、5分ほど弱火で煮る。

❻ 残りの味噌を少しずつ加えながら味をととのえる。器に盛り、好みで七味唐辛子をかけていただく。

ポイント
豚汁は具がたくさん入るので、若干濃いめの味付けがベスト。ただし、使う味噌によってそれぞれ塩分が異なるので、味を見ながら使う分量を調整するようにします。

豚汁のアレンジ カレー丼

実は私、大のラーメン好き。結婚していたころには夫とラーメン屋を経営していたこともあるんです。豚汁の残りでカレー丼を作るというアイデアは、そのお店のメニュー“味噌カレーラーメン”から。味噌とカレーの相性の良さは自信を持って保証します。

材料（2人分）

豚汁……P.24の半量くらい
ご飯……茶碗2杯分
顆粒かつおだし（無塩）……大さじ1強
カレー粉……小さじ2
醤油……小さじ2
水溶き片栗粉……大さじ1〜2
（水と片栗粉を同量混ぜ合わせたもの）

作り方

❶ 豚汁に顆粒のかつおだしを加える。

❷ カレー粉を醤油で溶いて鍋に加える。

❸ 水溶き片栗粉でとろみをつけて、丼に盛ったご飯にかけていただく。

「男」を落とす決め手は料理とセックス

食欲と性欲はダイレクトに結びついています。食に対する好奇心や欲望と、性に対する好奇心や欲望。このふたつが大きくかけ離れることは、まずありません。

たとえばシェフの人たち。いわゆる料理の職に就いていらっしゃる人たちって、すごくエロティックで魅力的な方が多いんです。統計的に、といったらおかしいかもしれないけれど、私のまわりのシェフの人たちは、確実にそう。女性に対して好奇心が強く、エロティックな部分に対して探究心旺盛――それも、当然のことだと思います。そもそも、そういう人じゃないと、できない職業だと思うから。料理を作るには、想像力、発想力が必要。クリエイティブでなきゃ、できないお仕事なんですよね。クリエイティブな人というのは、どこかしら変態でないといけない。だから、料理人の方々がエロティックなのは当たり前のことなのです。

昔から「男を落とすなら胃袋をつかめ」と言われていますよね。それは下半身も同じこと。料理かセックスで相手の心をがっちり捉えてしまえば、男女関係はうまくいくものなのです。もちろん、両方つかめればパーフェクト！　そんな女性から、男の人は絶対離れないでしょうね。

自分が作ったものを人に食べてもらうって、すごくセクシーな行為。食べてもらう人のことを想像して、その人の感性を刺激するため、喜んでもらうために、どんなことをすればいいのか探求して……。それって、セックスと同じでしょう？　実は料理って、すごく官能的なものなのです。

男の人は、意外と、そこをしっかり見ているもの。だから、男を落とせるかどうかは、料理かセックスが決め手になる。男性が女性を見るとき、まずは雰囲気だとか、スタイルだとか、そういったわかりやすい部分から入っていくんでしょうけれど、「この女性はどういう人なんだろう？」と探っていく中で、結局「料理ができるかどうか」というのは重要なチェックポイントになってくると思うんです。

女性も、男の人の“外から見えない部分”が気になるわけですから、男の人だって同じはず。女性の隠れた一面を見たい、と思うでしょうし、気にならないわけがないのです。だからこそ、さりげなく“料理ができる”ということを見てもらえれば、当然評価があがります。そもそも料理から生まれる恋だって、あるくらいなんですから。

とはいっても、すでにお付き合いしている人でない限り、男の人に手料理を食べてもらう機会を作るのは、なかなか難しいことですよね。“さりげなく”という部分がなければ、重荷になってしまうだけ。家に招いて２人きりで手料理を……なんて、なんだか蜘蛛の巣を張って待っているみたいでしょう？ 「逃がさないわよ」と鬼気迫る感じ。それでは、誘われた男の人も、怖くなってしまいます。

私のおすすめは、ホームパーティー。大勢集まれば、自分も気負わず料理を作れますし、相手にとって重荷にならずに、さりげなく料理の腕をアピールできます。しかも、ホームパーティーというからには誰かの家に集まるわけですから、自然とリラックスしたムードになるのがいい。みんなが心を許し合った雰囲気になるので、会話も盛り上がり、恋も発展しやすいのです。料理で男を落とすなら、なんといっても、まずはホームパーティー。男の胃袋をつかむチャンスは、そこにあります。

メニュー選びとしては、食べる人の安心感を損なわず、それでいて「こんなの、できるんだ！」と言われるような多少のこだわりを見せられるものがベスト。アピールはあくまでも“さりげなく”ですから「頑張って作りました！」という気迫を感じさせるものは避けたいですね。『鶏のビール煮』は、慣れ親しんでいる食材ながら、骨付きということで、ちょっとゴージャスに見せられますし、ビールによるコクは新鮮さを演出してくれると思います。お酒を飲む人、飲まない人問わず、ほどよくお腹を満たしてくれる適度なボリューム感も、男性に喜ばれるポイントではないでしょうか。

男性に喜ばれるといえば、とても効果的なものがありました。エプロン。そう、女性のエプロン姿ですよ。あまりにもベタすぎて、笑ってしまいませんか？　けれど、男の人は、ほぼ確実にエプロン姿の女性が大好きなんですって！

以前、知り合いの方の御宅でホームパーティーをしていたとき、何げなく私がしたこと――エプロン姿で「お帰りなさい」。これが、とんでもないほど喜ばれてしまったのです。ドラマや映画ではすっかりお馴染みの場面ですが、実生活では意外とみなさん、やりそうでやっていないんですよね。男性がエプロン姿で喜ぶ？　まさか！　なんてお思いの方もいらっしゃるかもしれませんが、嘘みたいな本当の話なんです。エプロン姿で「お帰りなさい」。ぜひ、男を落とすための演出のひとつとして試してみてはいかがでしょうか？

鶏のビール煮

簡単かつ豪快に仕上げられる煮込み料理のなかでも、鶏肉は特に失敗がない食材。ビール煮は、昔どこかのレストランで食べたものがおいしくて、以来自分なりに工夫して作るようになりました。お酒のお供にも、メインディッシュにもなる万能メニューです。

材料（2人分）

骨付き鶏もも肉……2本
小玉ねぎ……6個
にんじん……小1本
ビール（ライト系）……350ml
チキンスープ……2カップ
無塩バター……20g
小麦粉……適量
塩、黒こしょう……少々
オリーブオイル……大さじ2
ブーケガルニ……1パック
パセリ……適量

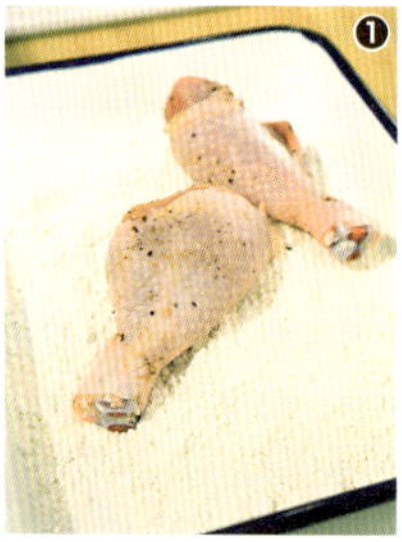

作り方

❶ 鶏肉を関節部分で半分に切り、塩、こしょうをすり込んで30分ほど置く。その後、余分な水分を拭き取って小麦粉をはたき付ける。

❷ 小玉ねぎ、にんじんの皮をむく。にんじんは大きめの乱切りにする。

❸ 厚手の鍋にオリーブオイルとバターを入れて熱し、1の鶏肉を入れる。

❹ 両面をこんがりと焼いたら、小玉ねぎとにんじんを加えて軽く炒める。

❺ ビール、チキンスープを注ぎ入れて、ひと煮立ちさせ、アクを取る。ブーケガルニを加える。

❻ アルミホイルなどで落とし蓋をして、鶏肉がやわらかくなるまで40～50分ほど弱火で煮る。塩、こしょうで味をととのえ、みじん切りにしたパセリをちらす。

ポイント
苦味が強く残らないようにするため、ビールはライト系のものを。

付き合う前に彼と一緒に食べるなら、どんなメニューがいいのか？　私は、断然お鍋をおすすめします。お鍋は、相手との親密度を深める料理。ひとつのお鍋を一緒につつくということは、ある意味、共同作業ですから、自然と会話が成立して２人の距離がぐっと縮まるわけです。しかも作る過程が見える料理というのは、おいしいものを、より一層おいしく感じさせるという効果があるから素敵。たとえばレストランなどでも、目の前で調理していただくと、一段と食欲をそそられますし、食べたときの感動も一際大きいですよね。調理する様子を見て、音を聞いて、匂いを嗅ぐ。そんな五感を刺激する過程が多ければ多いほど、悦びも倍増するのです。そういった悦びを共に分かち合った２人なら、親密度が深まるのは当然。お鍋には、そんな魅力があるのです。

ほかの人も交えたホームパーティーの場で、和気あいあいとお鍋を囲むスタイルもおすすめですし、２人きりということでも、お鍋であれば、男性に恐怖心を与える心配がないのでは？　わざわざ、手料理を作って待っているとなると、すごく大げさな印象ですが、「お鍋やるんだけど、家に来ない？」なんていう気軽な誘いだったら、自然な印象を与えられますよね。まさに“さりげなく”が成立している感じ。女性が誘いやすいという利点もあるうえ、誘われた男の人も、構えずに受け容れられる。お鍋は、気軽なイメージでありながら、実は、恋の始まりにきわめて有効的な料理なのです。

付き合う前に
彼と一緒に食べるなら？

『イタリアンすき焼き』は、お鍋というくくりにすると、一風変わった類に入るかもしれません。でも下ごしらえも簡単ですし、割り下の味調整さえきちんとしておけば、作る過程で細かい調整も必要なし。初めてでも、まず失敗のないお鍋です。素材は馴染みのあるものばかりなので、例によって「こんなの、できるんだ！」という驚きと、安心感をしっかり網羅したといえる、まさに“男性に喜ばれる料理”でしょう。にんにくを炒めるプロセスから彼に見てもらいつつ、ゆっくり会話をしながら、２人で具材を入れていく。そんな楽しい雰囲気がイメージできるはずです。

気をつけたいのは“相手の世話を焼きすぎない”ということ。お鍋にせよ、焼肉にせよ、すごく人の世話をやく女性っているでしょう？　いかがなものか、と思いますね。そういうタイプの女性って、2パターンいると思うんです。「私って、気がつく女でしょ？」というアピールを目的にしている人と、もとから世話好きなオバちゃんノリの人と。姑息な女と見られるか、押し付けがましいと取られるか、どちらにしても、自分の気が付いたことを全部やってしまうと、たいてい相手は暑苦しく感じてしまうものなのです。気になること全部ではなく、半分くらいがちょうどいい。「この人との仲を深めたい」そう望む男性の前では、相手をケアしてあげる積極的な自分と、控えめな自分と、半々くらいに調和させて、アピールするのが理想的だと思います。

イタリアンすき焼き

相手との親密度が高まる料理といえば、なんといってもお鍋。これは少し変化球的なお鍋ですが、素材も作り方もシンプルなので、“驚きもありながら安心して食べられる”というちょうどいいバランスが実は狙いです。最後はパスタやご飯を加えて〆ましょう。

材料（2人分）

牛肩ロース肉（すき焼き用）……300g
トマト……中4個
玉ねぎ……1個
バジル（生）……1〜2パック
オリーブオイル……大さじ3
鷹の爪……4〜6本
にんにく……1片

[割り下]

醤油……120ml
みりん……80ml
日本酒……80ml

作り方

❶ トマトを6等分のくし切りにする。玉ねぎは縦半分に切り、繊維と直角に包丁を入れて1センチの厚さに切る。バジルは茎を取り除く。

❷ 日本酒とみりんをひと煮立ちさせてアルコールを飛ばして火を止め、醤油を加えて割り下を作っておく。

❸ すきやき鍋にオリーブオイル、種を取り除いて手でちぎった鷹の爪、つぶしたにんにくを入れて、弱火にかけ辛味と香りを出す。

❹ 玉ねぎを**3**に入れて炒め、油がまわってきたら牛肉を加えて炒める。

❺ **4**にトマトを加えてさっと炒めたら割り下を加え、しばらく煮こむ。

❻ トマトが煮くずれてきたら、好みで、ちぎったバジルをのせていただく。

ポイント

鷹の爪は細かくすると辛さが増すので大きくちぎります。あくまで辛味付けなので、食べないよう注意。トマトの煮くずれ具合は好みで調整を。

お付き合いしている彼を初めて自宅に招き、手料理を食べてもらう。このプロセスは、恋愛を発展させていく上で、ものすごく重要です。出会ったときの第一印象が大切なのと同じで、初めての手料理もきわめて大切。男の人は、ものすごくアンテナを張り巡らせて訪れるはずです。そこで、２人の仲がプラスにいくかマイナスにいくか。今後の行方を左右する、まさに瀬戸際ともいえるでしょう。

そんな重要な分岐点をプラスに導くためには、まず相手の好みを知っておくこと。当たり前のことのようですが、相手の好みを無視して、自分の得意料理ばかりを並べるようでは、お話になりません。お酒を飲むのか、飲まないのかによっても、メニュー選びが変わりますから、リサーチは重要。相手の気持ちをきちんと尋ねておくことが大切です。

初めて彼を 自宅に招くときの料理

このプロセスで私がおすすめしたいのは、ハンバーグ。よほどお肉がダメという人でない限り、嫌いな人はいないと思います。手作りハンバーグは、かなり男性に喜ばれるメニュー。和風か洋風、ソースによって相手の好みを取り入れられるのもポイントです。

ただ、誰でも作れるような定番料理である分、なんの印象も残らなかった、では、初めての手料理として寂しいものがあります。なにかしら、相手の感性を刺激するものでありたいですよね。杉本流『粗びきハンバーグ』は、どこのお家にもあるようなものを使いながら、ひと手間、ふた手間加えて、ゴージャスに仕上げるというのがこだわり。たとえば、和風ソースにはきのこのソテーを添えるとか、お肉は、包丁で叩いて粗びきに仕上げるとか。ちょっとしたところで特別感を出せるものなのです。

当たり前の手順を省かなければ、料理は確実においしくなる。ハンバーグは、それを証明するようなメニューです。おいしく仕上げるためには、焼く前に、とにかくこねる、空気を抜く。この手順をどれだけしっかりやるか、それがおいしさに反映されます。見えないところで手を抜くようではだめ。当たり前の手順にしっかり愛情を注げば、相手にも必ず伝わるものです。

もちろん、料理だけでなく、ムードも大切。ご飯とハンバーグを出して、はい終わり！　なんて、定食屋さんみたいになっちゃう。もしくは、まるで母親に出してもらっているような気分になってしまいますよね。私は、少しのおつまみとお酒があって、最後に、ご飯とハンバーグという流れが好き。いいムードを作るためには、お酒の存在が重要です。自分も気分がよく、相手も気持ちよくさせてくれる。ましてや、初めて自宅に招いているのですから、お互いの緊張をほぐすためにも、いい役割を果たしてくれるのではないでしょうか。視覚的にムードを作るには、テーブルの周りに暖色を取り入れること。煌々と明るい蛍光灯は避けたいですね。料理も人間も美しく見えません。テーブルには、キャンドルまで立てたりしてしまうと、なんだか肩が凝ってしまうでしょうから、さりげなくお花を飾るくらいがちょうどいい。

重要なプロセスといっても、相手が引いてしまうほど、いかにも「頑張りました！」という気迫がかもし出されてしまっては、かえって逆効果。アピールは、あくまで“さりげなく”が一番です。

粗びきハンバーグ 2種ソース

ハンバーグといえば、まず嫌いな男性はいないでしょう。ただ、定番メニューだけに、自分の個性を出しておきたいところ。杉本流のこだわりは、お肉は粗びきに、ソースはあくまで大人の味に。食感、味、見た目、すべてゴージャスに仕上げたいものです。

材料（2人分）

[ハンバーグ]

牛かたまり肉（好みの部位）……300g
玉ねぎ……1/3個
食パン（6枚切り）……1枚
牛乳……大さじ3
卵……1個
オリーブオイル……大さじ2
ナツメグ……小さじ1強
塩……小さじ1/2強
黒こしょう……少々

[和風ソース]

しいたけ……2枚
しめじ……1株
無塩バター……30g
ポン酢……大さじ6
日本酒……大さじ6
塩、黒こしょう……各少々
大根おろし……適量
シソのせん切り……少々
水溶き片栗粉……大さじ1
（水と片栗粉を同量混ぜ合わせたもの）

[洋風ソース]

ベビーリーフ……適量
バター……5g
赤ワイン……50ml
ケチャップ……大さじ1
トンカツソース……大さじ2

[ハンバーグの作り方]

❶ 牛肉は2cm角くらいの大きさに切ってから、包丁で叩いて粗めのミンチにする。玉ねぎはみじん切りにする。

❷ 食パンは耳を取りのぞいて手でちぎり、牛乳にひたしておく。

❸ ボウルに**1**の粗びき肉と玉ねぎ、**2**、卵、ナツメグ、塩、こしょうを加えて手でこねる。

❹ オリーブオイル（分量外）を手につけ、**3**の半分量をとったら両手のひらに交互にたたきつけ、空気を抜く。最後に小判形に形をととのえる。

❺ よく熱したフライパンにオリーブオイルを入れ、**4**をこんがりと焼く。

> **ポイント**
> **❸の手順では手間を省かず、時間をかけて、しっかりこねること！　その後の空気を抜く作業も念入りに。**

[和風ソースの作り方]

❶ しいたけは石づきを落として薄切りにする。しめじは石づきを落として小房にほぐす。

❷ ハンバーグを焼いたフライパンはそのまま置いておき、別のフライパンにバター20gを溶かして**1**を炒め、塩、こしょうで味付けをしておく。

❸ ハンバーグを焼いた肉汁の残ったフライパンに、日本酒、残りのバター、ポン酢を加え、水溶き片栗粉を少しずつ加えて、とろみの加減を調整する。

❹ **2**を敷いた皿にハンバーグをのせ、大根おろしと**3**のソースをかける。上にシソのせん切りをのせる。

[洋風ソースの作り方]

❶ ハンバーグを焼いた肉汁の残ったフライパンに、赤ワインを加えて煮詰める。

❷ バター、ケチャップ、トンカツソースを加える。

❸ 皿にハンバーグを盛り、**2**のソースをかけてベビーリーフをあしらう。

男の人の心をつかむなら、絶対和食！　日本においては、古くから、それが定説として語り継がれてきたように思います。私自身も、『料理は一番の愛情表現』のところでお話ししたように、若いころは「やっぱり、和食よね」なんて思っていました。でも、それは単なるリサーチ不足だっただけなのです。

それに気づいたきっかけは、私が出演させていただいていた料理バラエティー番組『愛のエプロン』。この番組には、審査員として多くの男性の方々がいらっしゃるので、私はそこで、そもそもの男性の好みというものを探求する機会に恵まれたのです。それまで信じて疑わなかった「和食が一番」。その考えは、いろいろな方の反応を見させていただくにつれ、誰にでも当てはまるものではないということに気づきました。もちろん皆さんそれぞれに、ご自分なりの好みというものをお持ちなのでしょうけれど、私には、男性に共通する好み――「男の人って、本当はこういう料理が好きなんだな」という新たな結論がなんとなく見えてきたのです。それをもとに、実際、まわりの男性はどうなのか、リサーチに乗り出しました。そして、そこで笑ってしまうくらい「やっぱり、そうなんだ！」という確証を得ることができたのです。

その私が見出した結論というのが、ずばりクリームシチュー。男の人は、ほぼ確実にクリームシチューが好きです。

男はこんな料理を求めている

尋ねてみると、クリームシチューが「嫌い」という男性がいない。その意外なまでの圧倒的な支持率に、正直、驚きました。でも確かに、結婚していたころ、夫も「クリームシチューが食べたい」なんて言っていたっけ、と思い出したものです。

ほかにも、男性はカレーライスやオムライス、マカロニグラタン、ナポリタンといった、素朴な洋食系料理が好きみたい。ようするに、子供が好きな食べ物ですよね。ほっとする味なのかしら？　ロマンティックというか、新婚家庭に出てきそうな、甘いムードも感じます。男性は、そういうものを求めているということでしょう。

ただし、いくら子供向けの食べ物が好きだからといって、味まで子供っぽくなってしまっては、芸も色気もありません。好きな男性に食べてもらうなら、やはり大人の男を意識したクリームシチューを作りたいもの。素朴感はそのままに、大人の味で仕上げた、杉本流『カレークリームシチュー』は、まさに、そんな恋愛の延長線上で男性が求める料理といえるのではないでしょうか。

あたため直せば、いつでもどこでもおいしく食べられる。これも、このメニューならではのいいところです。たとえば、たくさん作って残ってしまった場合、保存容器に入れて「持って帰って食べてね」という心配りもできますし、逆に彼のもとへ「作ってきたの」と届けるパターンもアリですよね。ホームパーティーに持っていってもいい。どこでも移動可能、かつおいしさは保てる。そうなると、自然とアピールの場も広がります。男の人が大好きなクリームシチューは、意外にも、さまざまな恋愛シーンで活躍する可能性を持ち備えていたのです。

カレークリームシチュー

私のリサーチによると、男が求める料理——それは確実にクリームシチューです。ここでは、同じく上位にランクインしたカレーを風味としてプラスしてしまい、とことん男性の好きなものを詰め込みました。くれぐれも大人の味でお子様用とは差別化しましょう。

材料（4人分）

[シチュー]

鶏むね肉……2枚
玉ねぎ……1個
にんじん……1本
じゃがいも……2個
さやいんげん……8本
チキンスープ……2カップ
白ワイン……1カップ
カレー粉……小さじ1
小麦粉……大さじ4
バター……50g
牛乳……3カップ
ブーケガルニ……1パック
クミン（パウダー）……小さじ1
オリーブオイル……大さじ1
塩、黒こしょう……各少々

[バターライス]

ご飯……600g
バター……20g
パセリ……少々

作り方

❶ 鶏肉は大きめの一口大に切る。玉ねぎはくし切り、にんじんは乱切り、じゃがいもは1/4等分にする。さやいんげんは1/2の長さに切って塩ゆでしておく。

❷ 鶏肉に塩、こしょうで下味を付けておく。

❸ 厚手の鍋を熱してオリーブオイル、バター10gを入れ、鶏肉を炒める。色が変わったら玉ねぎ、にんじん、じゃがいもを加えてさらに炒める。じゃがいもの表面が透きとおってきたら白ワイン、チキンスープ、ブーケガルニを入れ、20〜30分ほど煮る。

❹ カレー風味のホワイトソースを作る。厚手の鍋でバター40gを溶かし、カレー粉と小麦粉、クミンを弱火で炒める。粉っぽさがなくなってぽってりとしてきたら火からはずし、温めた牛乳を少しずつ加えてはホイッパーで混ぜ、クリーム状にのばす。再び弱火にかけて、とろみがついたら完成。

❺ **3**に**4**のホワイトソースを加えて混ぜ合わせる。塩、こしょうで味をととのえて最後にさやいんげんを加える。

❻ 炊きたてのご飯にバターとみじん切りしたパセリを混ぜてバターライスを作り、添える。

ポイント
カレー粉を加えるのは、あくまでも風味出しのため。辛さが出ない程度の分量におさえます。

男を落とす決め手は、料理とセックス。これは前にもお話ししたとおりですが、料理とセックスが大切なのは、なにも恋愛の始まりだけではありません。むしろ、2人の仲を深め、よりよい関係を継続させていくためにこそ、重要になってくるものだと思います。

2人の仲が深まっていくときに食べる料理

料理も、セックスも、お互いの愛情を確認しあえる大切なコミュニケーション。だから、食事を共にするということは、ベッドを共にするということ。食事を共にしない、ということは、ベッドを共にしないのと等しい気がするのです。

とはいえ、2人の間に必ずしも両方なくてはいけないかと言えば、そうではないはず。ベッドを共にしていなくても、食事を共にすることによって、お互いが豊かな時間を過ごせていると感じるなら、それだけで2人の仲は満たされるものです。

たとえば、誰が見ても「うまくいっている」と感じるご夫婦。聞くと、たいがい奥様が料理上手なんですよね。だから旦那様も、へたな寄り道をせず、まっすぐ家に帰る。男の人って根本的に子供っぽいところがありますから、家で食べたほうが確実においしいとなれば、本能的に帰りたくなるのだと思います。男の本能を突き動かす料理。奥様が旦那様の胃袋をしっかりつかんでいらっしゃる、という立派な証です。

食事を作ってあげるという行為は、一番わかりやすい愛情表現。これほど相手に伝わりやすいものはないと思います。だから、作るほうの気持ちが荒んでいってしまうと、料理にもダイレクトに現れてしまうもの。そこから徐々に歯車が狂ってきて、気がついたら、どこにも愛がなかった、なんてことになりかねません。

毎日毎日、食事を作ってもらって当たり前。そんな考え方の男性にとっては、なかなかそういった女性の愛情を確認するのは大変かもしれない。けれど男の人には、いつもいつも女性の愛情を繊細に受け止められる感性を持っていてほしいと思いますし、私も、いつもいつも愛を持って料理を作ってあげられる女性でありたいと思います。

ですから、たとえ２人の仲が進行していて、食事にゆっくり時間をかけることがなくなっていても、質を落とすことなく、相手に愛情を感じてもらえるような料理を心がけることが大事。『ステーキ丼』なんて、まさにぴったりだと思うんです。ステーキって、すごくゴージャスでセクシーな料理でしょう？「あなたとの食事は大切」という特別な想いが伝わると思います。

自分が手間を省くことばかり考えて、「ただ、あればいい」というような料理ばかりじゃ、だめ。「俺のことなんて、どうでもいいんだ」と思わせてしまうような寂しい雰囲気になる料理だけは避けたいものです。それって、セックスにも言えることですよね。「セックスするときれいになれる」という“自分のためのセックス”も、当然大切ですが、自分のことばかりでは愛がないのと同じ。相手との調和も大切です。料理もセックスも、お互いの愛情を確認しあえる大切なコミュニケーション。その姿勢を忘れないことが、２人の仲をよりよい形で継続していくための一番の秘訣かもしれません。

ステーキ丼

2人の仲が深まっているときには、食事に時間をかけないこともしばしば。でも、あまりにも質素に終わらせるのはやはり寂しいもの。そんなときは時間をかけず食べられて、なおかつ、こだわりや愛情を感じてもらえる、こんな豪華牛ヒレ丼がぴったりです。

材料（2人分）

牛ヒレ肉……130g×2
キャベツ……1/4個
だし醤油……大さじ1 ⅓
オリーブオイル……大さじ2
赤ワイン……70ml
塩、こしょう……少々
ご飯……茶碗2杯分

作り方

❶ キャベツは1cm幅くらいのせん切りにして、オリーブオイルで炒め、塩、こしょうで味をととのえる。

❷ 牛ヒレ肉に塩、こしょうをする。フライパンを熱してオリーブオイルを入れ、牛ヒレ肉を好みの焼き加減に焼く。肉は取り出して5分ほど置く。

❸ 肉汁の残ったフライパンに、赤ワインとだし醤油を加えてソースを作る。

❹ 丼にご飯を盛り、その上にキャベツを敷く。さらに食べやすく切った肉をのせ、**3**のソースをかけていただく。

ポイント
最後にかけるソースの量がポイント。多すぎず、少なすぎず、ソースとご飯が絶妙に絡み合う分量を見極めて。

私の食事は、いつもお酒と共にあります。逆にいうと、お酒だけ飲むということは一切ありません。あくまで料理あってのお酒です。消費する割合が高いお酒といえば、シャンパン、赤ワインになりますが、中華料理なら紹興酒、韓国料理ならマッコリ、和食なら日本酒、といったように、料理と相性のいいお酒をいただきます。料理を決めてから、それに合うお酒を選ぶ。これが私のスタイルです。

『エビとアボカド、マンゴーのカクテルサラダ』は、『愛のエプロン』で初めて作ったメニュー。一品はカレーと決まっていて、さらに一品、自由テーマで作るというときに浮かんだアイデアです。シャンパンを飲みながら、このサラダを前菜として食べていただき、そのあとにカレーをメインで。この提案はものすごく好評で、カレーとの相性はもちろんのこと、シャンパンとの相性が抜群にいい、とお褒めの言葉をいただき、なんと優勝までしてしまいました。以来、このサラダ＝シャンパン、とすっかり定着。友人には「“あれ”作って」と言われるくらい、私の定番メニューとなっています。

お酒は、料理のおいしさを一層引き立てるスパイス的な役割をしてくれます。食欲増進の効果もありますよね。お酒を飲んでダラダラしていたほうが、ふだんより多く、いろいろなものが食べられる。これは大食漢の家庭に育った私にとって、大きな魅力でもあります。たとえば、男の人とのデート。私は、最低でも２時間は食べて飲み続けます。２時間って、一般的に長いのかしら？　でもお酒と食事をゆっくり男性と楽しむなら、このくらいの時間は必要ですよね。

お酒と食事のマリアージュ

お酒を飲んでいると、自然と会話もはずむもの。心がオープンになって、普段ではなかなか言いにくいようなことも、打ち明けられるようになったりして……。聞いている相手も酔っていれば、それをふんわり受け取ってくれるから、よけい本音が話せちゃう。“本音で語る”ということは、食事をより味わい深くさせるものです。逆に食事のときにお酒がないと、なかなか会話が深まらないでしょう？　たくさん会話を楽しんで、リラックスして、ゆったりとした時間を過ごすほうがお互いの関係性がより深まる。そうやって食事の時間を過ごすことは、とても大切なことだと思います。

だから、私は一緒にお酒を楽しめる男の人が好き。自分はお酒を飲めなくても、酒の席に付き合ってくれる男性もいますけど、私は、やっぱり２人でゆっくり酔っていく感じが理想。相手がずっと冷静でいるのは、つまらないと思っちゃう。お酒を飲むと、断然ムードがよくなるでしょう？　男女間のムード作りは、非常に大切だと思うんです。お酒を飲んでいない理性バリバリのときに、どういう流れでムードが出てくるものか、いったいどんなきっかけでベッドに行くのか、私にとってはすごく不思議。お酒なしで、そこのスイッチが見事に切り替わるわけですよね。逆に、羨ましいな、なんて思ってしまいます。私には計り知れないことですが、きっとそういうお２人には、お酒以外に何かしら代わりのものがあるのかもしれないですね。

なんにせよ、酔った勢いって大切。心をオープンにすることで、見えてくるものがあると思うんです。食事に対する新たな発見があったり、好きな男性の隠れた一面が見られたり。お酒がもたらしてくれる楽しみは、きわめて味わい深いものなのです。

エビとアボカド、マンゴーのカクテルサラダ………(シャンパンを合わせて)

『愛のエプロン』で優勝して以来、すっかり私の定番になっているメニュー。知人の間では、シャンパンとの相性が抜群なことでも有名です。この食材特有の適度なまったり感に、シャンパンのシュワッとした爽快な喉ごしは、たまりませんよ。

材料（2人分）

エビ（ブラックタイガーなど）……大きめのもの4尾
アボカド……1個
ペリカンマンゴー……1個
レモン汁……小さじ2 ½
生クリーム……1/2カップ
マヨネーズ……小さじ2
塩……小さじ1/2
チャービル……少々

作り方

❶ エビは背ワタを取り、塩ゆでしてから殻をはずして親指大に切る。

❷ アボカドとマンゴーは皮と種を取りのぞき、エビと同じ大きさに切る。アボカドにはレモン汁小さじ1ほどをかけておく。

❸ ボウルに生クリームを入れ、固いツノが立つまで泡立てる。マヨネーズ、残りのレモン汁を加える。

❹ 3にエビ、アボカド、マンゴーを入れ和える。塩で味をととのえ、器に盛る。チャービルを飾る。

ポイント
マヨネーズの分量が決め手。味に濃厚さと深みを加えてくれつつも、マヨネーズ自体の味は感じない。そんな究極の隠し味ともいえるギリギリの分量で仕上げます。

お酒を楽しむ余裕があってこそ、食事も恋も楽しめる

食事には、ゆっくりと時間をかける私。特に家で、お酒を飲みながら……となると、たっぷり時間をかけたくなってしまいます。そんなときに活躍する料理といえば、簡単に作れて、長時間おいしさが持続するもの。はじめにたくさん作ってしまって、あとはダラダラと時間をかけて食べるスタイルが杉本流です。私は、ゆっくりお酒と食事を楽しむのであれば、途中で「料理が足りない」となるのがとにかく許せない。だから、最初から多めに作ってしまうことにしています。『手羽先のオリーブオイル煮』は、私の大好きな赤ワインにぴったりの料理。２人で手羽先 10 本という分量は多いのでは？と感じる方もいらっしゃるかもしれませんが、杉本流スタイルだったら、１人５本、平気で食べられちゃいますよ。

もともと、細かい手順いらずの“煮込んで終わり”という男料理が好きな私ですが、このメニューはその極みでしょう。とにかく面倒くさいのが嫌いなんです。お料理本でも、手順だとか分量だとか、細かく読み込むのが嫌い。写真やレシピをざっと見て、なんとなく雰囲気をつかんだら、あとは自分でアレンジしてしまう。私が作る料理は、そういったイマジネーションから生まれたものばかりなのです。

食事とお酒。恋とお酒。お酒がプラスされると、楽しいことって、たくさんある。けれどそれは、あくまで楽しいと思える範疇であればの話。素敵な女性は、お酒を上手に味わい、楽しむ余裕を持っています。でも、その余裕がなくなってしまったら？

たまに、いますよね。お酒を飲みすぎて、見るに堪えない女の人。お酒を上手に味わうためには、自分の適量を知るべき。これは、もっとも大切だと思いますよ。若い人なら、経験がないから仕方がない、これから経験を重ねて知っていけばいい。それで許されますけれど、ある程度、年齢を重ねている女性が度を越した飲み方をしているのは、厳しいものがあります。まわりの人が迷惑な顔をしているのにも気付けなくなってしまったりして。年齢を重ねた女性がそこまでいってしまうとなると、必ず愚痴が始まりますし、正直、見ていて痛々しい。心も体も満たされていない証だと思います。

私も、昔はまるでザルのように、びっくりするくらいの量を飲みました。若いころって、ただ単に「酔いたい！」という目的で飲むことがあるものでしょう？　それでも、年齢を重ねるごとに、だんだん飲めなくなってきたという面もありますし、だいたい、そこまで体を酷使して酔わなくてもいいわけですよね。“ふわっと気持ちよく”くらいで終われるほうが、体にちょうどいいんです。

お酒を飲むなら、自分も幸せな気分になって、一緒にいる人にも幸せな気分を分けられるくらいでないと。それが、素敵に酔うということではないかしら？　ある意味、お酒は理性を捨てるためにあるものですから、飲んでも飲んでも全然酔わない、というのも女性としてつまらないですが、酔い方は大切。お酒を楽しむ余裕があってこそ、食事を楽しめるものですし、ましてや、男の人とのデートで素敵に酔うということができないと、その先の望みもなくなりますよね。

食事がその人の感性を表すように、お酒は、その人の心と体がいかに満たされているかをさらけ出してしまうもの。年齢を重ねれば重ねるほど、余裕を持ってお酒を嗜める素敵な女性でありたいものです。

手羽先の
オリーブオイル煮………（赤ワインを合わせて）

どこかで見た手羽先揚げのレシピを、豪快な杉本流煮込み料理にアレンジしたもの。
お料理に手間はかけたくないけれど、家でゆっくりワインを飲みたい。そんなときに
“入れて煮るだけ”はとても魅力的。私にとって15年来のお馴染みメニューです。

材料（2人分）

鶏手羽先……10本
にんにく……1球
オリーブオイル……適量
岩塩……適量

作り方

❶ 手羽先は、残っている毛や汚れを取りのぞき、水洗いしたあと、水気をしっかりと拭き取っておく。

❷ 鍋に手羽先、皮付きのままのにんにく、オリーブオイル（手羽先がひたひたに浸るくらいの分量）を入れて、弱火にかける。

❸ 鍋の中で何度か手羽先をひっくり返しながら、少し色が変わるくらいまで低温で火を通す。

❹ 器に手羽先を盛り、鍋から取り出したにんにくをつぶして小皿に入れる。岩塩とにんにくをつけて、いただく。

ポイント
煮込むときは、手羽先が素揚げの状態になってしまわないよう弱火で。キツネ色になる手前のカリッとしすぎない頃合いで仕上げるのがコツ。

私がおいしいと感動する料理。それは素材の味をきちんと活かした素朴な料理です。テーブルに出されて驚いてしまうような、奇をてらった料理は大嫌い。そういう斬新な料理にかぎって、おいしいんだかおいしくないんだか微妙なものが多い。手間がかかっているわりに、食べてみるとなんの感動もなかったりするんですよね。日本のものでもヨーロッパのものでも、田舎料理、家庭料理が私は一番。心も体も満足します。

シンプルな発想が生む おいしさの悦び

『バターポテトサラダ』は、まさに、そんな素材の味を活かした料理。ほどよい“まったり感”に、自然とお酒がすすんでしまうメニューです。特に、ビール好きの男性には、とても喜ばれるのではないでしょうか。私はビールが苦手なので、そんなときは隣で白ワインでも飲みながらお供したいですね。じゃがいもとバターのように、相性の良い食材を効果的に組み合わせることは当たり前のようで、すごく大切。当たり前かつシンプルな発想から生まれる料理だからこその“おいしさ”って必ずあると思うのです。

そもそも私がポテトサラダを作り始めたきっかけこそ、いたってシンプル。「市販のポテトサラダがまずい！」というところから。本当においしく食べようと思うなら、自分で作ってしまおう、と試してみたのが始まりでした。

なにしろ私は、まずいものは食べられない。我慢して食べてみようとするけれど、無理。本当に胃袋に入っていかないのです。ですから、初めて入ったお店で料理がおいしくないとわかれば、迷うことなくすぐに帰ります。食事をする前って、すごく楽しい気分になりますよね。それが「まずい」と思ったとたん、一気に気分が悪くなってきて隠し切れず顔にまで出てしまうんです。なぜ、こんなものを出すんだろう？　ありえないでしょう⁉　と、どうしようもなく腹がたってくる。当然、その場は嫌な空気へと一変しますけど、そのあとは必ず馴染みのあるお店に場所を変えて、改めて楽しい気分で食事ができるようにします。

それなら初デートのとき、男性にコーディネイトしてもらったお店でそんな事態になったこともあるのでは？　と、いざ振り返ってみると、不思議と一度もないのです。そもそも食事を共にしたい、と思うまでの男性ですから、自分と極端に味覚のズレがあるような人やセンスの悪い人は選ばないのでしょうね。そういえば、手料理に関しても反発しあったり、相手の男性にうるさく言われたという経験がありません。ただ、甘い卵焼きを作ってほしいと言われたときだけは猛抗議しました。京都生まれの私にとっては卵焼きが甘いなんて許せない！　私にはどこがおいしいのか、まったく理解できないわけですから、それをおいしく作ろうとすること自体、とうてい無理な話なのです。

私は、自分がおいしいと思うものを作って、それを相手にもおいしいと喜んでもらいたいだけ。自分が「おいしい」に貪欲であれば、自然とそういった料理は生まれてくるものですよね。「まずいものは食べられない」という精神は、意外と、そんなところにも結びついているのかもしれません。

バターポテトサラダ………(ビールを合わせて)

ポテトの素材を活かした味付けが好きなので、マヨネーズは強く主張しない程度に抑え、その代わりにバターをたくさん入れるのが杉本流です。私自身、ビールはあまり飲まないけれど、このバターのコクには相性がいいかも。白ワインでもおいしくいただけます。

材料（2人分）

じゃがいも……中3個
玉ねぎ……1/4個
きゅうり……1本
卵……2個
ベーコン……4枚
バター……40g
マヨネーズ……大さじ3
ワインビネガー（白）……小さじ2
塩……小さじ1/2
黒こしょう……少々

❸

❹

作り方

❶ じゃがいもは皮付きのまま、箸がスッと刺せるくらいまでゆでる。ゆで卵を作り、ざく切りにしておく。玉ねぎは薄切りに、きゅうりは輪切りにして塩でもんでおく。

❷ ベーコンはフライパンでカリカリに焼き、ペーパータオルで油を吸い取っておく。塩もみした玉ねぎときゅうりをさっと水にさらし、手で押さえるようにしてしっかりと水気を切る。

❸ ゆでたてのじゃがいもの皮を剥き、ボウルに入れバターを加える。余熱でバターを溶かしながらじゃがいもをつぶしていく。

❹ じゃがいもの形がくずれてきたら、水気をしっかり切った玉ねぎときゅうり、1のゆで卵を加えて混ぜる。マヨネーズ、ワインビネガーを加えて塩で味をととのえる。

❺ 器に盛り、こしょうをかけて、カリカリベーコンを添える。

ポイント

ベーコンを焼くときは、出てくる脂をペーパータオルで吸い取りながら焼くと、きれいなカリカリ状態に仕上がります。

食べる人がいてこそ ブラッシュアップされるレシピ

自分の料理を食べてくれる人がいる――。そのことによって、いかに料理の腕が磨かれるか、皆さんもすでにご存知のことと思います。相手に「おいしい」と喜んでもらうためには？　いつも新鮮さを失わない食卓であるためには？　そう考えると、どんどんアイデアが浮かんで、自分なりのアレンジが加えられるようになって、いつのまにか自分流のオリジナルメニューがいくつも完成されていたりするものです。

食べる人がいてこそブラッシュアップされるレシピ。これは確実にあると思います。私にとって、その代表的なものが肉じゃが。肉じゃがは“おふくろの味”の代名詞ともいえる家庭料理であり、男の人の心をつかむ料理としても有名ですよね。

まさに、和食の王道といった料理ではありますが、だからといって一辺倒になるのは避けたいところ。男の人に「それしかできない」なんて思われたら、寂しいものがあります。日常にメリハリをつけていくということは、２人の仲を素敵な形で継続させていくために、とても大事なこと。それが料理によってもたらされることも、たくさんあるのです。

そのために思い付いたのが、和風、イタリア風、カレー風の『肉じゃが３種』。初めに食べてもらうなら、やはりプレーンな和風がベストですが、そろそろ慣れてきたかな？　という頃合いを相手の反応から見計らいつつ、イタリア風やカレー風で変化球を加えていく。そうすれば「王道料理もしっかり作れる」というアピールができ、なおかつ「こんなの、できるんだ！」という驚きも与えられるわけです。

同じ食材でも味付けが変われば、まったく別の料理になるもの。『肉じゃが３種』は、３種それぞれに違った感動が生まれること確実です。それでいて、なにひとつ難しいアレンジをしていないのがポイント。どれも共通して「切って炒めて煮るだけ」です。きわめて簡単ながら、その効果は絶大。労力は少なく、効果は大きく！　それを体現するメニューです。なんでもかんでもプラスすることばかり考えて手間をかけてみても、食べた人にとっては結局たいした驚きもなく、感動もない料理ってある。いかに手間を省いて、いかに“シンプルでおいしく”を追求するか。料理は引き算。これこそが私のモットーです。

さらに、このレシピを考えた理由をもうひとつ。実は男性でも「肉じゃがは苦手」という人がいるからです。男の人なら誰もが大好きと思いがちですが、意外とそうでない人も多いみたい。そんなとき活躍してくれるのがイタリア風とカレー風。はじめから一気に変化球で攻めてしまいます。肉じゃがという先入観がなく、違うものとして受け容れられるようで、とても好評。でも実は肉じゃがなのよ、と教えてあげられるところも、相手の舌を教育していきたいタイプの私にとって狙いだったりします。

相手の好みをしっかり知れば自然とブラッシュアップされていくレシピもある。それがまさに“食べる人がいてこそ”の醍醐味だと思います。

肉じゃが3種

イタリア風肉じゃが

和風肉じゃが

カレー風肉じゃが

基本の作り方は一緒だけど、
アレンジによって味の新鮮さを保てます。
まさに「労力は少なく、効果は大きく」を体現できる料理。

肉じゃが3種

男が求める料理＝肉じゃがという方程式は、あまりにも有名ですが、実は意外と苦手という男性もいるようです。そんな相手には、イタリア風やカレー風にアレンジを。和風が一番という相手にも、時には変化球アレンジで驚きを与えるのが効果的です。

基本の材料（2人分）

豚バラ肉（薄切り）……100g
玉ねぎ……1/2個
じゃがいも……中3個
にんじん……1/2本

材料の切り方（すべて共通）

豚バラ肉は食べやすい大きさに切る。玉ねぎはくし切り、じゃがいもは1/4等分、にんじんは乱切りにする。

［和風の材料］（2人分）

日本酒……大さじ4
醤油……大さじ2
みりん……大さじ4
水……1 ½カップ
絹さや……適量
サラダ油……小さじ2

「和風」の作り方

❶ 鍋にサラダ油を熱し、中火で豚肉を炒める。

❷ 豚肉の色が変わってきたら、玉ねぎ、じゃがいも、にんじんを加えて、じゃがいもの表面に透明感が出てくるまで炒める。

❸ **2**に日本酒、みりん、水の順に加えて5分ほど煮る。アクが出てきたら取り除く。

❹ 最後に醤油を加えてから、落とし蓋をして、何度かひっくり返しながら弱火で煮含ませる。

❺ 塩ゆでした絹さやを散らす。

ポイント
砂糖を使わず、みりんで甘味をつけることで上品な味に仕上がります。

[カレー風の材料](2人分)

日本酒……大さじ6
醤油……大さじ2 ⅔
みりん……大さじ2
カレー粉……小さじ3
水……1 ½カップ
サラダ油……小さじ2

「カレー風」の作り方

❶ 鍋にサラダ油を熱し、中火で豚肉を炒める。

❷ 豚肉の色が変わってきたら、玉ねぎ、じゃがいも、にんじんを加えて、じゃがいもの表面に透明感が出てくるまで炒める。カレー粉を加える。

❸ **2**に日本酒、みりん、水の順に加えて5分ほど煮る。アクが出てきたら取り除く。

❹ 最後に醤油を加えてから、落とし蓋をして、何度かひっくり返しながら弱火で煮含ませる。

[イタリア風の材料](2人分)

ホールトマト……1/2缶 (200g)
ブーケガルニ……1パック
オリーブオイル……小さじ2
チキンスープ……1 ½カップ
塩……小さじ1 ½
バジル……適量

「イタリア風」の作り方

❶ 鍋にオリーブオイルを熱し、中火で豚肉を炒める。

❷ 豚肉の色が変わってきたら、玉ねぎ、じゃがいも、にんじんを加えて、じゃがいもの表面に透明感が出てくるまで炒める。

❸ **2**にチキンスープとブーケガルニを加えて5分ほど煮る。アクが出てきたら取り除く。

❹ **3**に塩とホールトマトをつぶしながら加え、落とし蓋をして、何度かひっくり返しながら弱火で煮含ませる。バジルを添える。

テーマ2

食事が私を作っていく

「理想的な身体を作り出すためには、まず自分の食生活を見直してみること。
そして、改善に効果的な食材を知り、料理に取り入れてみること。
食事は美しい身体を作り、美しい自分を創っていくのです」

身体のメンテナンスと食事の関係

美しくありたい。それは、女性にとって永遠のテーマ。美しくあるためには、どうしたらいいだろう？　女性ならきっと誰もが、そう試行錯誤して美しさを手に入れるための術を探求していることと思います。

女性にとって恋愛は、まさに“美”を生み出す源。けれど、それと同じく、きわめて重要なのが食事です。

冒頭のページでも書いたように、私は20代後半まで、“身体を作るための食”に対してまるっきり無頓着でした。身体のメンテナンスのための食事、それを一切考えたことがなかったのです。当時は食べるものといったら、お肉ばかり。野菜を摂ることなどごく稀で、食べたいだけ食べ、飲みたいだけ飲むが基本。加えて生活リズムも不規則でしたし、もうひどいものでした。元気でいられるうちは、それでよかった。けれど年齢を重ねていくうちに、当然シワ寄せがくるわけです。お通じは常に悪く、薬に頼らなければ腸が活動しない状態。花粉症もひどければ、肌荒れもひどい。特に肌の乾燥は激しく、痒くて痒くてたまらない毎日。冬になると皮がポロポロめくれてくるほどで、20代でこんなに乾いていたら、この先どうなってしまうの!?　と想像するだけで恐ろしくなったのを覚えています。どんな薬を塗っても改善の兆しがなく、これは食生活を見直し、体の内側からしっかり変えていくしかないという結論にたどり着きました。

まず取り入れたのは、1日180mlの青汁。そしてお魚、根菜を主とした野菜、納豆やキムチといった発酵食品など、栄養価の高いものを積極的に摂るよう心がけました。お肉は大好きだった牛カルビやサーロインをやめ、ヒレ肉やあっさりめのモモ肉、そしてチキンやポークへ。その結果、わずか３ヵ月ほどで、あきらかに「体質改善された」という実感が湧いてきました。少しだけ食べるものの意識を変えただけなのに!?　体内の栄養に対して意識を高く持てば、体は確実に変わる——その事実を突きつけられ、以来、私の食に対する意識がガラリと変わったのです。今では花粉症、便秘には無縁、お肌の調子もいたって良好。あのころの悩みがすべて嘘のようです。

より健康であるため、美しくあるために……と思えば、自然と「今の自分の体に足りないものは何だろう？」と調べたくなる。そうやって知識を増やしていくうちに、見えてきたことがあります。それは日本の食材がいかに優秀か、ということ。納豆や味噌、醤油など、昔から存在する日本ならではの食材は、きわめて栄養価が高いものばかり。『粕汁』に使う酒粕も、そう。お肌のコンディションを高める効果もあり、女性にとってまさに強力な味方です。

京都出身の私にとって『粕汁』は、小さいころから慣れ親しんでいた料理。土地柄、もしかしたら『粕汁』に馴染みの薄い方たちがいらっしゃるかもしれません。でも、体にいいものを知らないのはもったいない！　これを機にどんどん広まってくれたら、嬉しい限りです。

理想的な身体を作り出すためには、まず自分の食生活を見直してみること。そして、改善に効果的な食材を知り、料理に取り入れてみること。食事は美しい身体を作り、美しい自分を創っていくのです。

粕汁

酒粕は、たんぱく質やビタミンが豊富で、美白や保湿効果もある女性に嬉しい食材。粕汁は京都では一般的なお料理ですが、きりたんぽを入れるのは私流のアレンジです。お味噌で割らず酒粕100%で仕上げるのも日本酒が大好きな私ならではのこだわり。

材料（2人分）

豚バラ肉（薄切り）……100g
大根……100g
にんじん……1/2本
こんにゃく……1/2枚
油揚げ……1枚
せり……適量
太白ゴマ油……大さじ1
日本酒……120ml
酒粕（板粕）……200g弱
かつおだし……5カップ
だし醤油……大さじ1
塩……小さじ1/2
きりたんぽ……2本
七味唐辛子……適量

作り方

❶ 大根とにんじんはいちょう切り、油揚げは短冊切りにする。きりたんぽ、豚バラ肉は食べやすい大きさに切る。こんにゃくは手でちぎり、下ゆでしておく。

❷ 鍋に太白ゴマ油を熱し、豚バラ肉を炒める。色が変わるまで炒めたら、大根、にんじん、こんにゃくを入れてさらに炒める。

❸ 日本酒、かつおだしを加えて、ひと煮立ちさせたらアクを取り、きりたんぽを加える。そのまま10分ほど煮る。

❹ 鍋から煮汁（おたま4杯ほど）をとりだし、手でちぎった酒粕とともにフードプロセッサーに入れ、ペースト状にする。

❺ **3**に油あげ、だし醤油を加える。

❻ **4**を加えて、塩で味をととのえる。

❼ 器に盛り、小口切りにしたせりと、好みで七味唐辛子をかけていただく。

ポイント
酒粕はボリュームたっぷりの分量でポタージュのように仕上げます。そのスープと、まったりとした食感のきりたんぽとの絡みが、おいしさの鍵。

健康や美容に対する意識というものは、年齢を重ねるごとに高まるもの。若いころは、無頓着でも平気だったことが、ある時期に急にガクンと変化が訪れて「今までどおりじゃいけないんだ」なんて愕然とすることがある。そんなターニングポイントは、女性なら……いえ、人間なら必ず経験することでしょう。私の場合、その度合いが人一倍ひどかったので、その分、意識の改革具合も人一倍大きかったように思います。

それを象徴するのが、食事の嗜好性における変遷。20代後半で経験したどうにもならない身体の不調を境に、きっぱり食事の好みが変わりました。洋食中心から和食中心へ。日本の食材が優秀であることに気づいたのも、そのターニングポイントがあってこそ。今でこそ作る頻度が多くなった『粕汁』も、若いころには作ろうとも思わなかったくらいですから……。洋食に夢中になっていて、和食の素晴らしさに目を向ける余裕がなかったということもあるでしょうけれど、なんとなく家庭の味から離れてしまう時期ってあると思うんです。社会に出て働くようになると、外食も多くなって、新しい料理に出会う機会も多くなりますよね。そうすると幼いころから食卓に並んでいたような家庭料理が、しばらく記憶の底に埋もれてしまうことってありませんか？　でも、不思議と年を重ねるごとに、またそういった“ほっと安心できる料理”が恋しくなってくる。私にとって『粕汁』や『牛肉となすの炊いたん』は、まさにそんな料理なのです。

食事の嗜好性、若いころからの変遷

“炊いたん”とは京都独自の呼び名で、煮物のこと。おばんざいの一つとして、よく祖母や母が作ってくれたのを思い出します。でもあとで知ったのですが、牛肉となすの組み合わせは京都の定番というわけではなく、“我が家の定番”だったようです。

そもそも、私が10代半ばという早いうちから食に目覚めたゆえんは、家庭環境にあるかもしれません。まず、うちの家族は全員が食いしん坊。私が一番食べないんじゃないかと思うくらい、よく食べる。まさに大食漢の家庭で、食に対するエネルギーの注ぎ方は、すさまじいものがありました。そして祖母、母ともに料理がとても上手。祖母はおばんざいを中心とした京料理が、母はモダンなものを取り入れた料理が得意で、我が家の食卓はまるで京都そのものを象徴したかのような、新旧がミックスされた楽しい食卓でした。特に母は新しいお料理に積極的で、私は小学生ながら、すでにオイルフォンデュまで食べていました。そのころから外で買ってきた出来合いのものと、母の手作りとをしっかり判別できる味覚が身についていましたし、私は家庭でずいぶんと舌を鍛えられたようです。

自分の母親から伝わってきた味をしっかり受け継いでいくという感性は、女性として大切にしたいところ。これも若いころには意識しなかったことですが、どこで生まれて、どうやって育ってきたかということは、その人の料理に直接的に影響すると思うのです。生まれ育った土地ならではの食文化や、自分の家庭ならではの味。そういった自分のルーツを大切にできる感性を持った女性は素敵。料理は、古いものを守りながら新しいものが生まれてくるという温故知新の形が一番正しいあり方だと思いますし、私はそれを尊重できる女性でありたいと思っています。

牛肉となすの炊いたん

祖母から母、そして私、代々我が家に受け継がれてきた炊いたん。特に牛肉となすの組み合わせは夏の食卓に必ず出てきた料理。頻繁に作るメニューではないけれど、ふと思い出して無性に食べたくなる懐かしい味ですね。外食が増えがちなときほど、恋しくなります。

材料（2人分）

牛肩ロース肉（薄切り）……150g
なす……2本
醤油……大さじ2強
日本酒……大さじ1
みりん……大さじ1
かつおだし……1カップ
針しょうが……少々
サラダ油……大さじ2

作り方

❶ なすは縦半分に切り、皮に細かい包丁目を入れる。長さを1/2に切り、水にさらしておく。牛肉は食べやすい大きさに切る。

❷ 鍋にサラダ油を熱し、中火で牛肉を炒める。

❸ 肉の色が変わってきたら、水気を拭き取ったなすを加えてさらに炒める。

❹ 2に日本酒、みりん、かつおだし、醤油の順に入れて、ひと煮立ちさせる。

❺ アクを取って、弱火でなすがやわらかくなるまで煮る。

❻ 器に盛り、針しょうがを添える。

ポイント
なすを炒めるときは、水気をしっかり拭き取っておくこと。

素材の良さを活かす料理が好きな私にとって、素材選びはとても重要です。『大根と梅の炊き込みご飯』は大根や梅干しから出るダシが決め手の、まさに“素材が命”のメニュー。赤、白、緑からなる素材の彩りは、見ているだけで食欲をそそられますよね。そもそも素材の色というものは、その素材が持つ栄養素に深く関係しているそうです。ですから、栄養素を豊富に摂ろうと思ったら、いろいろな色の食材を食べるように心がけることが大切です。

素材選びのこだわり、最近気をつけていること

私が積極的に採るようにしている色は赤、紫、緑、黒の４色。老化防止に効果的な赤、瞳と肌の潤いを助ける紫、老廃物の吸収や体脂肪減少効果のある黒、そして身体の器官や機能と精神のバランスを保持する緑。これらは特に、女性の“美”を作り出すために効果的な４色といえます。彩りを考えながら素材を組み合わせていくということは、視覚的な悦びをもたらすだけでなく、“美”や健康に深く関わっているものなのです。

そういった色、栄養素はもちろんですが、それ以前に素材選びでこだわりたいのが、品質です。野菜やお肉、お魚は国産のもの、特に野菜は自然食品のお店で生産者の顔が見えるものを選んでいます。調味料も、特に私の中で消費割合が高いお味噌については、なるべくお味噌屋さんでグラム売りをしてくれるようなものを、そうでない市販のものでも手造り味噌を選ぶようにしています。お味噌に限ったことではあり

ませんが、市販の商品に関しては原材料名などの表示をしっかり確認するのが、私にとっての鉄則。昨今では、日本の食品会社でも表示に信用がおけないところがありますし、ますます慎重になってしまいます。選ぶ基準は保存料をはじめ、よけいな成分が入っていないかどうか。それから、日本のどこの土地で作られたか、どんな会社が作っているかも重要です。イメージとしてですが、比較的小さな会社だと、それ一筋で堅実に作られている印象がありませんか？　そこは自分の直感的な判断基準になってしまいますが、私はやはり伝統的なこだわりの品と思えるものを信用するようにしています。

　季節ごとの旬の素材をいただく、ということも大切。今は年中なんでも買えるというくらい、オールシーズンどんな食材にも困らない時代ですが、それが必ずしもいいこととは限らないと思います。日本には四季がある。それぞれの季節を象徴する食材があって、それらがなぜその季節に採れるのかといえば、一番おいしくいただける時期だからという根拠があると思うのです。旬の食材を旬の季節に食べるということは、間違いなく健康にもいいはず。そして、旬の食材をより一層おいしくいただくためには、そのための調理法があるもの。冬に食べるお鍋など、その代表格ですよね。ですから、料理も季節ごとに変化する“旬の料理”が存在するのは自然なことなのです。

　その季節ならではの食材で、ならではの料理を楽しむ。これこそ昔から大事にされてきた日本の食文化です。そうした食文化を見つめ直すということは、素材が持つ本来のおいしさに向き合うことであり、いかに素材の良さを活かした料理を生み出せるかという点においても、重要なことなのかもしれません。

大根と梅の炊き込みご飯

一品だけで豊富に栄養素が摂れてしまうお料理が好きなので、体にいいものを全部一緒に炊き込んでしまいました。しかも、素材同士がとても相性良し。ふだんは捨ててしまいがちですが、実は栄養価抜群の大根の葉まで加えているのがポイントです。

材料（2〜3人分）

米……2合
水……320ml
日本酒……大さじ1
大根（葉付き）……200g
昆布茶……小さじ2
梅干し……2個

作り方

❶ 米はといでザルにあげておく。

❷ 大根は5mmのさいの目に切る。大根の葉は5mmの小口切りにし、さっと塩ゆでして、水気をしっかり切っておく。

❸ 炊飯器に米、大根、水、昆布茶、日本酒を入れてさっと混ぜ合わせ、梅干しを入れて30分ほど置く。その後、炊飯する。

❹ 炊きあがったら30分ほど蒸らして蓋を開け、梅干しがまんべんなくいきわたるように、しゃもじで混ぜ合わせる。

❺ 梅干しの種を取り除いて大根の葉を加えてざっくり混ぜ合わせる。

ポイント
大根から水分が出るため、炊飯時の水加減は少なめにしています。梅干しは減塩でなく、しっかりと味のついたもの、特に酸味のあるものを選んで。

私は辛いものが大好き。けれど激辛好きというわけではありません。よく、いますよね？　罰ゲームみたいに辛くする人。あれには共感できませんね。味がわからなくなるまで辛くするのは大嫌い。きちんと味がわかるくらいの辛さ、おいしさを引き立てるくらいの辛さが好きなんです。ですから私のベストな辛さは、きわめて常識的な範囲。ただ人によって、その許容範囲は違うものなので「どうしても辛いものが苦手」という人には「辛すぎる」と言われてしまうこともありますが……。

なぜそんなに辛いものが好きなのかというと、まずおいしく感じる。これが一番です。それから食欲増進の効果がある。体が温まって代謝がよくなる。そして、なんだか気持ちよくなる！　なにか脳から指令されているものがあるのかしら？

そのくらい気分がハイになりますし、体も確実に元気になります。

情熱的な国の人って、みんなすごく元気でしょう？　ラテンの国は全般的にそうですが、アジアであれば韓国の方だとか、どうしてそんなに元気なの!?　というくらい元気。その秘密は食事にあるんじゃないかしらと思います。日本人がおとなしいということを和食が表しているのと同じで、情熱的な国の食事は刺激的なものが多いのです。

だから、私は疲れたときや体調が悪いときには必ず辛いものを食べるようにしています。特にキムチ。キムチを食べると確実にパワーアップしますね。疲れているときというのは食欲が落ちているので、あっさりした食べ物だと受け付けな

疲れたときや
体調が悪いときに食べたい料理

いものなんです。でも、キムチのように食欲増進の効果がある辛い食べ物だったら、どんどん食べられちゃう。

『納豆キムチチャーハン』は、そんな理由から選びました。チャーハンにしたのは食欲が低下しているときでもキムチのパワーを借りて、しっかりご飯を食べられるように。そして私自身がとにかく炭水化物が好きというのも理由のひとつです。納豆は、パラッとしたチャーハンが好きではないので絶妙なしっとり感を出すために使います。納豆とキムチの相性は抜群ですし、同じ発酵食品という相乗効果を考慮したうえでも、このチャーハンは、元気になるためのとっておきの料理だと思います。

納豆に含まれるたんぱく質はきわめて重要ですよ。というのも、私は食生活を改善して以来、納豆や味噌など豆類を積極的に摂取してきたせいか、髪の毛のトラブルに悩んだことが一切ないのです。さすがに毛先が絡みやすくなるとカットしてもらいますが、それも半年に一度くらい。家ではまったくケアしないままで大丈夫。昔は枝毛も多くパサついて、ものすごく傷んでいました。けれど、今はびっくりするくらい健康な髪。あきらかに食事のおかげ、良質なたんぱく質のおかげ。それほど体に変化をもたらしてくれました。

そういえば、昔は辛いものを食べても汗をかくということがありませんでした。発汗しないということは代謝が低下している証。どれだけ辛くしても胃腸はビクともしませんでしたし、それだけ体の活動が鈍っていたのでしょうね。今はとても敏感になっているので、少しの辛さでも汗をかきますし、逆にあまり辛くしてしまうとお腹が痛くなってしまうほどです。辛いものを食べていると、昔より体が健康な状態になっているのだという実感が湧く。辛さは、健康のバロメーターなのかもしれません。

納豆キムチチャーハン

疲れたとき必ず食べるものといえば、キムチ。食欲が増進され、体が温まり代謝が活発になります。韓国の人が元気なのは絶対キムチのおかげだと思うくらい、すごく元気になる食材。同じ発酵食品である納豆との相乗効果で栄養価もたっぷり。

材料（2人分）

ご飯……300g
納豆（小粒）……100g
納豆のタレ……2パック分
キムチ……100g
青ねぎ……1本
醤油……小さじ1
サラダ油……小さじ2
ゴマ油（香り付け用）……小さじ1/2

作り方

❶ キムチは1cm角くらいに切る。青ねぎは小口切りにする。

❷ フライパンにサラダ油を熱して青ねぎを炒め、ご飯を加える。

❸ ご飯がほぐれてきたらキムチと納豆を加えてさらに炒める。

❹ ご飯がパラッとしてきたら、納豆のタレと醤油を鍋はだから回し入れて味をととのえる。最後にゴマ油を鍋はだから回し入れて完成。

ポイント
ご飯は温かいほうが具と混ざりやすいので、冷やご飯を使う場合は一度温めてから。

美しい肌を手に入れるために、コラーゲンは欠かせません。良質なコラーゲンがなくなった肌は弾力がなくなってたるんだり、乾燥肌やシミ、シワといったトラブルを招きます。それらは、いわゆる肌の老化現象の始まり。放っておくと、みるまに老化がすすんでしまいます。

そんなふうに話す私も、まさに、そうした肌トラブルに苦しんでいたひとり。前にも書きましたが、当時の私の肌は20代とは思えないほど荒んでいました。けれど、そうした山積みのトラブルを改善でき、まるで生まれ変わるような肌の変化を実感したからこそ、コラーゲンの重要性に気付くことができたのだと思います。

お肌ツルツルを目指す料理

そのはじまりは、やはり食事の効果から。好きな食材ということもあって、日々の食事に鶏肉を使った料理を多くとり入れていたのですが、摂っているときと摂っていないときとでは肌のコンディションが違うということを知りました。もちろん、次の日から突然シワがなくなる、というわけにはいきませんが、なんとなく艶や弾力が蘇ってきたかな？という印象を受けることがあったのです。それから、コラーゲンについて調べるようになり、より効果的に摂れる料理のアイデアがふくらんでいきました。『鶏軟骨入り団子のトマトシチュー』は、その流れで生まれたメニュー。鶏ひき肉に鶏軟骨、チキンスープ。コラーゲンを豊富に含んだ料理です。メキシコ料理のチリコーンカーンを意識して、情熱的なラテンの味を表現しているのも杉本流といえるでしょう。

そもそも栄養素を前提に考える料理というものは、気が付くと「身体のため」だけを重視しがち。でも私は「いかにおいしく食べるか」ということを一番に考えたい。

たとえば、にんじん。きわめて栄養価の高い食材ですが、嫌いな人も多いようです。そんなときは、わからないくらいペースト状にしてポタージュにするなど、いくらでもおいしく食べる方法はあるはず。自分好みに工夫して「おいしい」と食べられるような調理法を見出すことは、自分が健康で美しくあるために最低限してあげてもいいことではないでしょうか。特別大げさなことをしようと思わなくてもいいんです。一度レパートリーを作ってしまえば、あとはラクですよ。心も体も共に満足感を得られるような料理。私はそれこそ、真に効果的な料理だと思います。

ただし、体の内側からの栄養補給だけで充分かといえば、そうとも限りません。お肌は外側からの栄養補給も求めています。口に入れるもので内側のケアを、外側からは化粧品でケアを。美肌は両方やってこそ初めて成立する。これは、私の昔の実体験から学んだことです。

目に見えて出てくる身体のトラブルは、身体からのSOS。そのサインを「私は年だからしょうがない」だとか「何をやっても無駄」だとか諦めて、放ったらかしにしているのは、あまりにもひどい。自分の身体がかわいそう。せっかくSOSを出しているのだから、自分自身が自分の身体に対して、何をしてあげたらいいのかをしっかり考えるべきです。そうすれば、必ず身体は生まれ変わっていくもの。身体は、その人、そのときの生活環境、生活状態を映し出しているだけ。美しく健康でありたいと思ったら、いつからでも遅くない。決して年齢の問題ではないのだということを忘れないでいただきたいと思います。

鶏軟骨入り団子のトマトシチュー

より効果的にコラーゲンが摂れるよう、肉団子には軟骨を加え、そこから出るチキンエキスまで一緒に飲んでしまえるシチューに仕上げました。イメージはメキシコのチリコンカーン。発汗作用や代謝アップ効果のあるチリは健康と美容のための強力な味方です。

材料（4人分）

鶏軟骨……100g
鶏ひき肉……200g
バジルの葉……8枚くらい（お好みで）
玉ねぎ……3/4個
卵……1個
片栗粉……大さじ1
ホールトマト……1缶（400g）
セロリ……2/3本
オリーブオイル……大さじ2
チリパウダー……大さじ1 ⅓
キドニービーンズ……1缶（400g）
塩……小さじ2
黒こしょう……少々
コリアンダー（パウダー）……小さじ1/3
赤ワイン……1カップ
チキンスープ……1カップ
ローリエ……2枚
クミン（パウダー）……小さじ1
パセリ……適量

作り方

❶ 軟骨は包丁で叩くか、フードプロセッサーでみじん切りにする。

❷ 玉ねぎは1/4個をすりおろしに、1/2個をみじん切りにする。セロリもみじん切りにする。

❸ ボウルに**1**、ひき肉、すりおろして軽く水気を切った玉ねぎ、バジルのみじん切り、卵、片栗粉、塩小さじ1、こしょうを加えて、ねばりが出るまで混ぜる。

❹ 鍋にオリーブオイルを熱し、みじん切りの玉ねぎとセロリを炒める。途中で焦げそうになったらオリーブオイル（分量外）を足し、透明感が出るまで炒める。

❺ **4**にクミン、チリパウダー、コリアンダーを入れ炒め合わせたら、赤ワイン、チキンスープ、ホールトマトをつぶしながら加える。残りの塩とローリエを加えて、とろりとするまで煮込む。

❻ オリーブオイル（分量外）を手にとり、**3**を大きめの団子状に丸めて、**5**に入れていく。

❼ すべて入れたら、キドニービーンズを汁ごと加えてさらに煮込む。途中で水気が足りなくなったら水を足す。最後に味をみて足りなければ塩、こしょうで味をととのえ、みじん切りにしたパセリをちらす。

ポイント
軟骨は、特有のコリコリした食感を残すため、細かくしすぎないように。

「女」を錆びさせない食事とは？

女が錆びつく——。なんとも恐ろしい言葉ですよね。錆びつくということは、何も感じなくなることと同じ。どんなに素敵な景色を見ても無感動。おいしい料理にも無感動。まさに不感症ということだと思うんです。

女を錆びさせたくなければ、感じやすい女でいること。そして、そうあるための一番のエネルギー源は恋愛です。恋をすると、きれいになるためのホルモンが出てくる。これは確実にデータとして実証されていることらしいです。脳内から分泌されるものがあって、それが女性を美しくするみたい。脳が指令を出しているということですから、恋をするときめていろいろなものが感じやすくなるのも自然のことですよね。恋のときめきは、女性にとって忘れてはならない大切なもの。「私なんて……」と後ろ向きになっていたら、みるまに錆びついてしまいます。

つまり、まずは精神面。好奇心を失わず、なんでも前向きに楽しめる精神を忘れないことです。だからいざ、女を錆びさせない料理とは？　となると難しい。たとえば「これさえ食べていれば絶対に女が錆びつきません！」という料理があったとして、それを「おいしい」ともなんとも思わず、ただ淡々と食べ続け、それで錆びつかないでいられるかといったら、そうではありません。むしろ料理を食べてなんとも思わないなんて、すでに錆びついていますよね。“食べる”ということへの取り組み方、つまり精神的なものと並行して初めて成立するのだと思うのです。「おいしいものが食べたい！」という好奇心やエネルギーを持つこと。それが女を錆びさせない料理のベースになっているのではないでしょうか。

そういった精神面のキープを心がけつつ、錆びつきたくないという女性におすすめするのなら、やはりゴマははずせません。ゴマはアンチエイジングに効く食材の代表格として有名ですよね。良質なたんぱく質、ビタミン類、脂質やカルシウム、鉄などのミネラルも豊富で栄養バランスが抜群。かなり優秀な食材です。

私にとっても普段から消費量の多い食材。しゃぶしゃぶが大好きなのでお手製のゴマだれは欠かせない存在ですし、料理でもゴマ油を頻繁に使います。けれど、いざ“大量摂取できて、なおかつ簡単、シンプルに仕上がる料理”と考えてみるとなかなか少ないもの。そこで、ここではゴマを衣がわりにたっぷりまぶして揚げ焼きしてしまおうという『イワシのゴマ衣焼き』を考案しました。イワシを選んだのは“一品で栄養素をたっぷり摂れる料理”がポリシーの杉本流によるところ。主菜にぴったりのほどよいボリューム感で女性の食卓に最適なメニューだと思います。彼との時間に、ちょっとしたお酒のおつまみとしても活躍しそうですね。

ゴマは栄養面だけでなく、その香りも格別。火を通すことで生まれる特有の豊かな香りは、心地よく嗅覚を刺激し、食べることへの好奇心を盛り立ててくれるはずです。好奇心旺盛で感じやすい女であること。女を錆びつかせないための前向きな精神は、ふとした料理のプロセスでも生まれてくるものなのです。

イワシのゴマ衣焼き

骨まで食べられるイワシはカルシウムたっぷり、ゴマをまぶして焼くことで老化予防に効果的なセサミンもしっかり摂取。なかなか大量に採りにくいゴマを一度に採れる優秀メニューです。大量の油を使わないで済む点も、面倒くさがり屋の私には嬉しいところ。

材料（2人分）

イワシ……3尾
日本酒……小さじ1
醤油……小さじ2
しょうがしぼり汁……小さじ1/2
片栗粉……大さじ1
白ゴマ・黒ゴマ……各適量
サラダ油……大さじ2
ベビーリーフ……適量
すだち……1個

作り方

❶ イワシは3枚におろして、日本酒と醤油、しょうがしぼり汁を合わせたものに10分ほど浸けておく。

❷ **1**に片栗粉を加えてなじませ、浸け汁にとろみをつけ、イワシにしっかりまぶしつける。

❸ 黒ゴマを入れたバットに**2**のイワシの半量を1枚ずつ入れ、ゴマを隙間がないようにまぶしつける。白ゴマも同様にまぶしつける。

❹ フライパンにサラダ油を入れて熱し、**3**を皮のついている面から入れ、中火でこんがりと焼く。

❺ 皿にベビーリーフと**4**を盛り、すだちを添える。

ポイント
黒ゴマをつけたほうは焼き加減がわかりにくいので、白ゴマつきのものと一緒に焼き、その焼き加減から判断を。

「食べない」ダイエットはナンセンス!

美しいボディラインを作りたいのなら、「食べない」ダイエットはナンセンス。たとえ理想的な体重に近づけたとしても、必要な栄養が摂れず健康が損なわれてしまったら本末転倒です。特に年齢を重ねてからの「食べない」ダイエットは、悲惨なことに……。痩せたというより、やつれたという感じになってしまう。ハリがなくなり、シワが増えて、自ら老化を手助けしているようなものです。

私にとって美しいボディラインとは健康的であること。ただ細いだけのボディにはなんの魅力も感じません。バランスの良い骨格の上にしなやかな筋肉をまとう。エネルギッシュで美しい身体とは、そういうものだと思います。痩せることばかり考えて筋肉を衰えさせていてはだめ。年齢を重ねれば重ねるほど、どんどん垂れ下がっていく肉を支えるためには筋肉しかありません。しっかり運動して正しく筋肉をつけることが大切です。

そんな私も学生時代のクラブ活動以来、めっきり運動から遠ざかっていました。久々の運動となったのは、20代半ばで始めたラテンダンス。その後は、アンチエイジング効果で有名な加圧トレーニングも30代半ばで始めました。踊るための体作りと映画撮影など見せるために目指す体作りでは、少々方向性が違うため、どちらに集中している時期かによって体のシルエットも変わってきますが、共通して言えるのは健康面、美容面の向上に素晴らしい効果を発揮するということ。運動は、美しい肉体を作り上げるだけでなく、体の内側の機能を活発にして体力を強化してくれたり、美肌を導いてくれる。なにより「ご飯がおいしい」と心から喜べる健全な体になっていくのです。

だからこそ「しっかり食べて、しっかり運動する」が一番。ただし、なんでもかんでも食べればいいということではありません。１日に自分がどれだけ運動をして、どれだけカロリーを消費できるかによって、食べる量を調整することが肝心です。お肉は脂の多いサーロインやカルビではなく、ヒレやロースを選んだり、筋肉を作り出すために必要なたんぱく質を積極的に摂取するなど、素材選びに意識を向けることも大切。基礎体温によっても必要な消費カロリーが変わってくるので、カロリーオーバーしない食生活をコントロールするには、まず「今の自分の体の状態を知る」ということが重要といえるでしょう。

『豆腐のピリ辛ゴマ味噌丼』は、お肉を使わないヘルシーなメニューを前提として考案したもの。ゴマと味噌から出る深いコクが決め手なので、お肉がなくとも重量感たっぷり。お腹も満たされて栄養満点。美容と健康のためのメインディッシュというべき杉本流お得意の丼です。豆板醤は、例によって私の辛いもの嗜好の表れですが、体を温め代謝をよくしてくれるため、カロリー消費に貢献してくれる点も狙いです。

そもそも体を温めるということは基本中の基本！　体が温まると血流がよくなり、代謝機能が活発になって老廃物が排出されていく。そのメカニズムが自分の体の中でしっかり機能していれば「太りすぎる」なんてことはないはずなのです。ふだんから運動を心がけ、体を温める食材を積極的に摂るなどして、そのメカニズムを効果的に利用すれば、はじめから太りにくい体質を作ってしまえる。そうなれば「食べない」ダイエットに頼る必要などありません。おいしい食事を摂りながら美しいボディラインを維持することができるのです。自ら太りにくい体質を作る。これこそ私が考えるダイエットのあり方です。

豆腐のピリ辛ゴマ味噌丼

“しっかり食べて、しっかり運動！”を推進するための丼。お肉を使わないヘルシーな仕上がりながら、お豆腐やゴマ、味噌から充分なたんぱく質が採れるという嬉しいメニューです。キムチ同様、豆板醤に含まれているカプサイシンは元気の源に。

材料（2人分）

ご飯……茶碗2杯分
絹ごし豆腐……1丁
長ねぎ……1/2本
白いりゴマ……大さじ4
豆板醤……小さじ2
味噌……大さじ2
チキンスープ……1カップ
水溶き片栗粉……大さじ1～2
（水と片栗粉を同量混ぜ合わせたもの）
太白ゴマ油……大さじ1弱
ゴマ油（香り付け用）……小さじ1

作り方

❶ 豆腐はしっかり水切りしておく。長ねぎは半分を粗みじん切りに、半分を白髪ねぎにする。

❷ 鍋に太白ゴマ油を熱し、粗みじん切りにした長ねぎを炒める。香りが出て、しんなりしてきたら、豆板醤を加えて炒め合わせる。

❸ すり鉢で白ゴマを半ずりにする。味噌を加えてさらにすり混ぜたら、チキンスープを少しずつ加えながらのばす。

❹ **3**を**2**の鍋に入れ、水切りした豆腐をちぎって入れる。弱火で豆腐に味が染みこむくらい煮たら、水溶き片栗粉をまわし入れてとろみをつける。

❺ 香り付け用のゴマ油を入れる。

❻ 丼に盛ったご飯に**5**をかけて、白髪ねぎを添えていただく。

ポイント
豆板醤は辛さだけでなく塩分をプラスできるので、やや多めのこの分量がベスト。どうしても辛さが苦手な人は豆板醤を減らして、塩や味噌などで調整を。

旅先で出会った料理に刺激を受けたら、私は、その舌に刻まれた記憶を頼りに、家に帰って自分でも作ってみることにしています。そのまま忠実に再現できなくてもいい。むしろ自分流にアレンジするのは、すごく楽しいこと。『インドネシア風鶏粥』は、まさにそうやって生み出したレシピです。

旅先での舌の記憶

この料理のオリジナルに出会ったのは、7年前。私が大好きでよく訪れているマレーシアでのことでした。お気に入りのヴィラは、宿泊客が朝食を自由にリクエストできるスタイルだったので、前から気になっていたインドネシアのお粥「ブブルアヤム」をリクエストしてみたんです。出てきたのは、おじやのようにまったりとした私が大好きなタイプのお粥。しかもチリとお醤油をブレンドしたソースも絶妙で、あまりにもおいしくて、以来すっかり病みつきになってしまいました。マレーシアでの朝食には欠かせないメニューであり、今や自宅でもお馴染みのメニューです。

『お粥カルボナーラ』のほうは、イタリアで出会ったパン粥からヒントを得たもの。イタリアワインのシャトーを訪ねたときに、そこの奥様が作ってくださった家庭料理というのが、そのパン粥でした。シンプルなトマトソースの中にパンが浮いていて、その上にはチーズ。さらにオリーブオイルをかけていただくのですが、これがものすごくおいしかったんです。家に必ずある食材でパッとおいしいものを作る、そういう即席の発想がイタリアの家庭にもあるんだと嬉しくなりました。そしてそのアイデアをもとに、家にある身近な食材を使って即席リゾットを作ってみようと考えたのです。時間も手間もかからず、誰にでもおいしく作れる料理。本書の中でも、断然シンプルを極めたレシピと言えるでしょう。

旅先には､新しい料理との出会いが待っています。しかも、そういった旅先で出会う料理には感性を刺激されることが多いもの。日本で慣れ親しんでいたはずの料理も、外国で食べてみると新たな発見があったり、そこで初めて納得できることがあったり……。好奇心がいつにも増して強くなるから、探究心も一層鋭くなる。いろいろな国でいろいろな料理を味わうことは、自分の料理に対する発想力を豊かにするための第一歩だと思います。

最近では長い休みがあると、必ずと言っていいほどマレーシアでゆったり過ごす私。ビーチで寝そべったり、ご飯を食べたり、夜はお酒を飲んだり……。とにかく頭をからっぽにして何もしません。昔は、自分の体力におごりがあったんでしょうね。どれだけ体を酷使しても大丈夫、私はものすごいパワーがあるから大丈夫。そうやって平気で自分を追い込むことができました。けれど、ある程度の年齢に達してから、自分で自分を意識的に癒していく作業がどれだけ大切かということに気付いたんです。無理をしなくてはいけない時期は必ずある。だから、今は無理をしなくていいだろうというときには無理をしない。自分を酷使して、それに気づかないままでいると必ず歪みがでてくるものでしょう？　だから、あえて『無』になる時間は大切。もっとスピリチュアル的に言えば“魂を癒す”という意識が大切なんだなと感じます。おもしろいことに、そういうところにいると不思議とものすごく食欲が湧いてくるんですよね。どうしてこんなに食べられるんだろう？　と思うくらい。そんなとき、食欲と精神は、ものすごく関わりあっているんだなということを改めて感じます。

お粥カルボナーラ

朝、起きぬけで胃腸が動き始めてくれないとき、やさしくお腹を満たしてくれるのが、こんなカルボナーラ風お粥です。水の分量を調整すれば、冷凍ご飯で代用することもOK。混ぜるだけで、あっという間にできあがるので時間のない朝にも最適です。

材料（2人分）

米……1合
水……5カップ
塩……小さじ1弱
卵黄……2個
醤油……小さじ2
パルメザンチーズ……大さじ4〜6
黒こしょう……少々

❶ 鍋にといだ米と水、塩を入れてお粥を炊く。

❷ 炊き上がったお粥を器に盛り、パルメザンチーズ、真ん中に卵黄をのせる。こしょうをパラリと散らし、醤油をかけて、よくかき混ぜていただく。

ポイント

生卵の黄身を使うので、卵選びにこだわりを。新鮮な地鶏の卵などがおすすめです。

インドネシア風鶏粥

7年前マレーシアで初めて食べて以来、すっかり虜になってしまったブブルアヤム。おじやのようなまったり感が味わい深く、その舌の記憶を頼りに家で作ってみたのが、この杉本流レシピ。チリの辛さがアクセントになって朝でも急激に食欲をそそります。

材料（2人分）

骨付き鶏もも肉……1本
米……1合
しょうが……1片
水……6カップ
赤＆青唐辛子……適量
だし醤油……適量
砂糖……少々
塩……小さじ1弱
香菜……適量

❶ 鶏肉と水、たたきつぶしたしょうがを鍋に入れて、肉が骨からほろりと外れるくらいまで煮る。いったん冷ましてから鶏肉を取り出し、骨をはずして身をほぐす。スープは濾して取っておく。

❷ といだ米と1のスープ、塩を鍋に入れてお粥を炊く。

❸ 唐辛子は輪切りにして、だし醤油につけておく。好みで砂糖を入れる。

❹ 2の炊き上がったお粥を器に盛り、その上に、1のほぐした鶏肉をのせる。好みで香菜をのせ、お好みで3のソースをかけていただく。

ポイント
唐辛子は多めに入れてOK。合わせる醤油は、まろやかなだし醤油が好相性です。

杉本流
「いい女」の条件

杉本流「いい女」の条件——私が思ういい女とは、人間としての熱さを持っている人。何かひとつ真剣に無条件に情熱を傾けることができる、まっすぐな人。人間の本質というものは何かに情熱を傾けている瞬間に見えてくるわけだから、そういった本質を計算もなく見せてくれる人はすごく人間らしくて素敵。女として、という以前に人間として魅力的です。

でも、それも今だから思えるいい女の条件。若いころに感じていた「いい女」はまた違いました。当時、思い描いていた理想の女性像といえば、仕事もバリバリやって、恋愛も情熱的にしていて、なんでもそつなくこなせる、まさにパーフェクトな女性。いかにも若いころに抱く憧れのいい女といった感じですよね。けれど、年齢を重ねて経験も重ねていくうちに、必ずしもそれがいい女かと言われたら、そうでもないかなと感じるようになってきた。もう少し抜けている感じがあってもいいんじゃないかしら？　もっとほかにいい女の条件があるんじゃないか？　と考えるようになったのです。

そしてたどり着いたのが、冒頭の結論。いい女の条件は、内面から湧き出る美しさを置いて、ほかにありません。外見だけに執着するのはナンセンス。放っておいても内面は外見に反映されてくるものですから、形から入る必要性などまるでないのです。

昔は美しかったのにどんどん荒んでいってしまう女性って、いますよね。どうも変な老け方をしているというか、くすんでくる人。輝きがなくなって、なんだかにごっている感じ。それは、その人の生き方を反映しているんです。どれだけ外見を磨いていようが、そこは隠しきれないもの。たとえ、どんな高級ブランドのドレスを着ようが、バッグを持とうが、何も美しいと思えない。あきらかに外見を超越した、内面から醸し出すものがあるんですよね。外見は生き方に逆らえないものなのです。

無条件に情熱を傾けられるもの。私にとってそのひとつがダンスです。もちろん、それがビジネスにつながっているのは素晴らしいことだと感じています。けれど、たとえビジネスでなかったとしても、無条件に一生を通して極めていきたいと思えることがあるという悦びはすごく大きい。無条件――それって、すごく大切だと思うんです。たとえば恋人や友人といった自分の大切な相手に対しても、無条件の関係を築けることはすごく素敵。「相手が何かをしてくれるから」「自分の得になるから」、そういった理由で恋人や友人を選ぶのは、お互いの関係に条件をつけているということ。そこには、いい女の影も形も見受けられません。いい女かそうでないか、その分かれ道は、いたってシンプル。無条件であることを大切にできている人とできていない人とで、真っ二つに分かれると思いますね。

時に人生に希望を失っているような女性がいるけれど、自分がそうなる生き方を選択してきてしまっただけだと思うんです。そういう人に限って、まわりの人や環境のせいにしたりするでしょう？　でも全部自分の責任なんじゃないかしら？　きっと“無条件に何かをする”ということを、それまでしてこなかったんです。すべてに条件をつけて、自分の損得ばかりを考えて、打算が生まれて……。お金や地位や名誉、条件はさまざまでしょうけれど「何かが得られないなら、やらない」という生き方をしてきたのだと思います。だからこそ、希望を失うような結果になってしまったのではないでしょうか。そんな人は、見返りを望むことなく一生懸命に取り組めることを、何かひとつでもいいから見つけるべきです。

もちろん社会人として損得を考えて行動することは、ある場面では必要なことだと思います。でも、すべてにおいてそうなってしまったら人間としてつまらない。熱さを感じられないんですよね。クールで淡白じゃだめ。いい女は熱さと濃厚さがないと！　どんどん美しくなって、どんどん輝いていく女性が、なぜそうなれるかといったら、間違いなく内面的な輝きの大切さを知っているからだと思います。

少し前向きに意識を変えるだけで、女性は、いつからだって美しくなれる。確実に輝いていけます。何歳からでも遅くはない。意識改革はできるものです。もちろん、年を重ねれば重ねるほど、それに伴う覚悟やリスクは大きくなっていくでしょう。けれど、どんより暗い雰囲気を引きずって希望を失った人生を歩んでいくなんて、女性としてもったいない！

いい女の輝きは、内面から。いつでも輝ける女性であるために、無条件に情熱を傾けられる生き方を選び取っていきたいものですね。

誰かを家に招くときには……

誰かを家に招くときには、訪ねてきた相手がリラックスできるような空間を作りたいもの。「あの人の家にいたら、なんだか肩が凝ってしまった」。そんなふうに言われたら、悲しいですよね。

そもそも私は、カジュアルなほうが好き。大ざっぱなので、妙に気取った感じの堅苦しいのは嫌い。だから、おもてなしもいたってカジュアルです。特に、気の合う仲間と集まって、ワイワイと盛り上がるようなホームパーティーは大好き。ホームパーティーこそ、まさにリラックスできる空間だと思います。お店ではないからクローズ時間も決まっていないし、気がついたら朝の４時なんてこともあって、びっくり！

ついつい居心地がよくなって時間を忘れてしまうんですよね。帰りたくなったら帰ってもいいし、その“気楽なノリ”がホームパーティーの醍醐味でしょう。

おもてなしは、やっぱり自然体が一番。大げさな演出は必要ないと思います。ただし、なんでもかんでも「ありのまま」では、招かれたほうも気持ちよくいられません。当然のマナーとして、お部屋はきれいに掃除しておくべきですし、気分を盛り上げるようなテーブルセッティングも必要です。大切なのは、いかに訪ねてきた相手をいい気分にさせられるか。会話がはずんで、料理やお酒がすすむ。そんな素敵な雰囲気をイメージしてお部屋をコーディネイトすれば、理想の空間が成立するはずです。

自分なりの個性やセンスを感じてもらうことも大切。そういう意味で私の個性が最も表れているのが、色使いです。お部屋にしても、食器にしても「基調は白」というのが一般的かもしれませんが、赤や黄色など、自然の恵みを感じさせる元気なカラーを取り入れるのが私流。我が家のダイニングは大好きな赤が基調。壁やテーブルには、赤やオレンジなどのカラフルなメキシコタイルが貼ってあります。お皿は、南仏やメキシコを想わせる、暖かでおおらかな雰囲気を醸し出すもの。フルートグラスもクリアなものでなく、やはりカラフルなものが多く、なんだかラテンリゾート地のレストランみたいになっているんです。

情熱的なラテン系スタイルが大好きな私にとっては、エネルギーをもらう空間です。「それじゃ落ち着かないんじゃない？」なんて、よく言われますが、それは照明の問題。我が家の照明はかなり暗いので、お客様も気にならないみたい。ムード作りにキャンドルを立てる方もいらっしゃると思いますが、我が家の場合はキャンドルが必要なほど暗いから、といった感じ。おかげで夜はムーディな雰囲気を演出できます。テーブルを彩るお花も、ラテン風。誰かを招くときに限らず、お花は常に欠かさないようにしていますが、パーティーのときはお花屋さんに「ラテンのイメージで」とお願いしてアレンジしてもらったものを玄関やダイニングに飾ってお客様を迎えます。ちょっぴりほかのお宅のおもてなしとは違う雰囲気かもしれないけれど、そうやって私ならではの世界観に踏み込んでいただくことも、杉本流おもてなしの極意でしょう。

そもそも、自宅に招いたり、招かれたりという行為って、今まで見えていなかったお互いの隠れた一面を知るきっかけにもなると思うんです。人と人との出会いを生み出すこともあるでしょうし、心を許しあえる仲にも発展しやすいでしょう。あきらかに人間関係を深めることにリンクしている。“ホーム”という場で食事やお酒を共にすることは、豊かな人間関係を築くための大切なワンシーンなのだと思います。

おもてなしのテーブルセッティング

私のおもてなしコーディネイトは、やっぱりカジュアル。招く人も招かれる人も、あまり気を使わずにリラックスできるよう工夫するのが基本です。だから飲み物やカトラリー、取り皿など必要なものはまとめてテーブルへ。めいめいが好きなように自由に過ごせて、なおかつ私らしさが出せるテーブルコーディネイトを心がけています。

大勢集まるホームパーティーに必要不可欠な取り皿やカトラリー。なんの飾りもなく、ただ置いてしまうのでは、気分も盛り上がりません。緑鮮やかな大きな葉をインパクトとして使い、可愛らしい小花も添えて、ちょっぴり南国の気分を演出。

テーブルコーディネイトは私の感性をもっとも刺激してくれる赤を使って、とびきりラテンな雰囲気に仕上げたい。私が虜になっているアルゼンチンタンゴにちなんで、選んだお花の名前は「タンゴ」。情熱的な真紅のお皿に、情熱的なお花。これぞ杉本流です。

ビールやノンアルコール類など、一人前サイズのボトルを用意するなら、こんなふうにすぐ手に取れるようなスタイルでセッティングを。深めのボウルにたっぷりの氷。これなら、何度も冷蔵庫へ足を運ぶことなく、おいしく冷えた状態でいただけます。

食事はお酒と共にあるべきという私にとっては、ゆっくり飲んで食べてのスタイルが基本。ですから、誰かをおもてなしするというシチュエーションにおいても、一度お酒を飲みだしたらキッチンに立ちたくない、というのが本音です。私は一度作ってテーブルに料理を並べたら、あとは飲んで食べることに集中していたい。それに、そのほうが一緒にいる相手もリラックスできると思うんです。何度も何度も私が席を立つようでは、せわしなくて落ち着かないですよね。共にお酒と料理の悦びを分かち合うということが素敵な行為だと思います。

おもてなしが料理の腕を磨く

ですから、人をおもてなしするときの料理は「冷めてもおいしい」が肝心。温かい状態で食べることにこだわらなくても大丈夫というメニューを選ぶことが大切です。ここでご紹介する三品は、そんな「おいしく食べられる時間を選ばない」料理。私がよくホームパーティーでおもてなし用に作っているメニューです。

まず『ローストビーフ』は、私をはじめ、まわりの友人たちみんなの大好物。ホームパーティーの場には、誰かしらが必ず持参するというほど欠かせない料理です。ローストビーフは一番シンプルにお肉のおいしさを味わえる料理。小さいころは頻繁に食卓に並ぶ料理ではなかったけれど、東京に出てきてから食べる機会が多くなり大好物になりました。自分で作り始めたのは、4年前。お正月に自宅で人をおもてなしする必要性が出てきたころのこと。私は、もともとおせち料理が苦手なので、代わりに何かお腹を満たしてくれる料理を、と考えたときに思いついたんです。普通、ローストビーフというとオーブンで"ロースト"しなければいけませんが、面倒くさいのが嫌いな私のレシピは焼いて煮るだけでOK。出来上がりは豪快な厚みで切って豪快に食べるのが理想的。ソースも水気の多いものが一般的ですが、これも嫌。だいたい、それではお肉に絡みにくいんです。片栗粉でとろみをつけたソースをたっぷりお肉に絡めて食べるのが杉本流です。

『枝豆スープ』は、大好きなガスパッチョのイメージで、冷たくしてグラスに。私はコンソメ系のクリアなスープより、昔ながらのまったりとしたポタージュのほうが好きなんですが、ポタージュでも冷製にすれば、いつ飲んでもおいしいですし、お酒の合間のお口直しとしても最高ですよね。

『洋風ちらし寿司』は、私にとってあくまでおつまみ。ワインビネガーで味付けされたご飯はワインにもぴったりで、お酒がどんどんすすんでしまいます。

ほどよくお腹も満たされて、お酒との相性も抜群というこの三品。手間がかからずきわめて簡単、それでいてゴージャス感はたっぷり出せる。おもてなしに喜ばれること必至の料理です。料理は引き算。やはり「労力は少なく、効果は大きく！」が一番です。

誰かをおもてなしするということは、その人を喜ばせるということ。おもてなしの料理を作るということは、食べる人に喜んでもらいたいというスピリッツがあってこそ成しえる業です。そして、それを追求していけば料理の腕は確実に磨かれていきます。私は、そのことをこれまで幾度となく実感してきました。おもてなしの場を設けるということは、自然と自らの料理の腕を磨くことにも結びついていくものなのです。

杉本流 ローストビーフ

一番シンプルにお肉のおいしさを味わえるので、なにかしらイベントがあれば必ず作っている大好物の料理。オーブンで焼いたりする手間を省き、とにかくシンプルかつ豪快にワインで煮るのが杉本流。お肉によく絡むこってりしたソースも決め手です。

材料（4〜6人分）

牛もも肉（塊）……1kg
にんにく……1片
玉ねぎ……1/4個
セロリの葉……2本分
ニンジン……1/3本
オリーブオイル……大さじ2
赤ワイン……5カップ
はちみつ……小さじ3
無塩バター……40g
塩……小さじ1/2
だし醤油……大さじ2
水溶き片栗粉……大さじ2
（水と片栗粉を同量混ぜ合わせたもの）
ホースラディッシュまたはわさび……適量

作り方

❶ 牛肉に、すりおろしたにんにくと塩大さじ1（分量外）をすり込む。薄切りにした玉ねぎ、セロリ、にんじんとともにビニール袋に入れ、空気を抜いて5時間ほど室温に置いておく。

❷ 鍋にオリーブオイルを入れて火にかけ、**1**から肉のみを取り出して表面をこんがりと焼く。肉はいったん鍋から取り出す。

❸ 肉を焼いた鍋に、**1**で肉と一緒に寝かしておいた野菜を入れて、しんなりするまで炒める。その鍋に再び**2**の肉を入れ、ワインを加えて煮る。肉は何度かひっくり返すようにして、沸騰したあと10分ほど煮たら、火から下ろす。

❹ **3**から肉を取り出し、アルミホイルでぴったりと包んで常温で寝かしておく。野菜も取り出す。煮汁を2カップほど取り出し、濾して小鍋に入れる。

❺ **4**の小鍋を火にかけ、沸騰したら、はちみつ、無塩バター、だし醤油、塩で味をととのえる。水溶き片栗粉でとろみをつける。

❻ **4**で30分ほど寝かしておいた肉を好みの厚さに切り、**5**のソースとおろしたホースラディッシュ（なければわさび）を添えていただく。

ポイント

肉は必ず焼く前に室温に戻しておくこと。また肉の中身の焼き加減は、肉の厚みによっても時間が変わるので注意が必要。金属のくしを刺して5秒くらいおき、くしがほんのり温まっていればOK。焼きあがったらすぐにアルミホイルで包むこと。肉汁が流れ出るのを防ぎます。

洋風ちらし寿司

枝豆スープ

洋風ちらし寿司

冷めてもおいしい“ちらし寿司”はおもてなしメニューとして最適。けれど、和風ちらしは強めのお酢を使うせいか、大好きなローストビーフやワインと相性が良くないんです。そこでマイルドなワインビネガーを使った杉本流洋風ちらしが誕生しました。

材料（4～5人分）

米……3合
水……520ml
オリーブの実……黒、緑各12個
ヤリイカ……2杯
ホタテ貝柱……8個
むきエビ……12尾
赤・黄パプリカ……各1/2個
玉ねぎ……1/4個
イタリアンパセリ……少々
塩、こしょう……各少々
レモン……輪切り2枚

[マリネ液]

オリーブオイル……大さじ1
ワインビネガー（白）……小さじ2
レモン汁……小さじ2
塩……ひとつまみ

[ドレッシング]

オリーブオイル……大さじ1
ワインビネガー（白）……大さじ2
レモン汁……小さじ2

作り方

❶ 米をとぎ、同量より少し少なめの水で炊く。

❷ ヤリイカはワタを取り除いて輪切りにする。ホタテ貝柱は1/4に切る。エビは背ワタを取っておく。

❸ 鍋に湯を沸かして、レモンの輪切りと塩をひとつまみ加え、ヤリイカ、ホタテ貝柱、エビをさっとゆでる。その後、ザルにあげてよく水を切っておく。

❹ ボウルにマリネ液の材料を入れ、混ぜ合わせたら、**3**を加えてさらに混ぜ、マリネにしておく。

❺ 玉ねぎはみじん切りにしたあと塩もみし、水でさっと洗って水気を切る。パプリカは5mmの角切りにする。

❻ 炊き上がったご飯をボウルに入れて、ドレッシングの材料を合わせたものを加えて、しゃもじで切るように混ぜる。塩、こしょうで味をととのえ、粗熱を取る。

❼ **6**が冷めたら、**5**、軽く汁気を切った**4**の2/3量、オリーブを混ぜ合わせて器に盛る。

❽ **4**のマリネの残りをトッピングしてイタリアンパセリを散らす。

ポイント
魚介類は、ゆですぎるとパサパサになって旨味が減るので、手早くゆでます。

枝豆スープ

アツアツが一番の温かいスープと違って、冷製スープならいつでもおいしい状態でお客様に出せるので便利。枝豆は夏が旬ですが、他の野菜でも代用可能です。季節ごとに旬のお野菜を使った料理でおもてなしするのは、迎える側の楽しみの一つでもあります。

材料（4人分）

枝豆（さやから出したもの）……200g
玉ねぎ……1/4個
牛乳……2カップ
生クリーム……1/2カップ
バター……20g
塩……小さじ1
チキンスープ……2カップ
チャービル……適量

作り方

❶ 鍋にバターを入れて火にかけ、枝豆と薄切りにした玉ねぎを炒める。玉ねぎが透き通ってくったりとしてきたらチキンスープを加えて10分ほど煮る。

❷ **1**の粗熱を取ってからミキサーにかけ、ペースト状にする。

❸ **2**に牛乳を加えてのばし、生クリームと塩で味をととのえ、冷蔵庫で冷やしておく。

❹ 冷やした器に**3**を注ぎ入れ、チャービルを添える。

ポイント
枝豆をさやから出す際は、薄皮もきちんと取り除くと、仕上がりの口あたりが一層まろやかになります。

我が家の食卓

我が家の最近の料理を特別公開します。ホームパーティーなどで料理をふるまうことが多い私ですが、普段の食卓は本当にありあわせのものや、残りもののアレンジばかり。特に私は炊きたてのご飯が大好きなんです。余ったときは冷凍にして、石焼きや雑炊、チャーハンなど、ひと手間加えてから食べています。

いろいろ根野菜の胡麻味噌汁・鶏だしの石垣島ラー油お粥

半年待ちだった「石垣島ラー油」がやっと手に入ったので、このラー油に合う、ヘルシーメニューを作ってみました。

山椒入り黒米の根野菜とキムチあんかけ石焼き丼

冷凍しておいた黒米ご飯に山椒をまぶして、根野菜とキムチのあんをかけました。石焼きなので、あつあつで食べられます。

トマトとバジルのパスタ

別の料理で使ったトマトとバジルがあったので、パスタにしました。

サフランライスの石焼きカレー

前に作って冷凍しておいたサフランライスとカレーを、そのままだと美味しくないので、石焼きにしました。

手巻き寿司

今年のお正月以来、家族中ではまっているのが、手巻き寿司。手巻き寿司って、巻く人によってすごく個性が出るんです。

鍋焼きうどん

さぬきうどんを使った四国風のシンプルな鍋焼きうどん。具材は、お肉・卵・ねぎです。

ポークカレーと水菜とねぎのスープ

私はカレーが好きで、この日はポークカレー。冷蔵庫に残っていた水菜で、スープも作りました。

メキシコスタイルのダイニング

これが我が家のダイニング。メキシコタイルを貼ったりして、大好きなラテンの雰囲気にリフォームしたら、メキシコレストランのようになってしまいました。

私のこだわりの品、お取り寄せカタログ

私が普段から気に入って、愛用しているものをご紹介します。
こうして改めて集めてみると、やっぱり京都のものが多くなってしまいますね。
かき醤油や酒粕は、今回のレシピ作成の際に、実際に使ったものです。

かき醤油　白だしかき醤油

料理の味をまろやかにしてくれるので、よく使っています。特に煮物を作るときなどは大活躍。白だしのほうは、汁物のときによく使います。

広島産の新鮮な牡蠣の旨味エキスを本醸造醤油に加え、昆布、かつお、しいたけでとっただしで味をととのえた濃厚つゆタイプの醤油。煮物のほか、卵かけご飯や冷や奴にかけても美味。
600ml　各630円（株式会社アサムラサキ）

神聖　酒粕

お正月の食材で欠かせないのが、この酒粕です。生の板粕なので、風味が違います。私はいつもこれを取り寄せて、粕汁を作っています。

創業1677年の老舗酒蔵・山本本家が自信をもって作り出している酒粕。うまい酒を造る過程だからこそ、うまい酒粕が出来上がる。酒粕ならではの華やかな香りと米の旨味が味わえる逸品。600g　525円（株式会社山本本家）

七味

豚汁や粕汁など、汁物には必ず七味を添えます。これは普通の七味より、香りがとても豊かで、好きです。

創業が1655年ごろという京都・清水の老舗。漢方薬にも配合される7種類の薬味をブレンドして、現在の七味唐辛子を創作した。

木の兵丹（15g七味小袋付き）1102円

七味小袋　15g　315円

（株式会社七味家本舗）

黒七味　八角竹

こちらも汁物に欠かせない七味。すごく個性が強くて、辛い、大人ならではの味わいです。

赤穂義士の1人である原惣右衛門元辰の末裔が営む由緒ある祇園の老舗。黒七味は、7種類の材料を、唐辛子の赤が隠れるほど手揉みする独自の製法のため、しっとりとした茶褐色の仕上がり。洋風料理にも合う。7g　840円（原了郭）

チリメン山椒　折詰

山椒の香りとチリメンの味付けが絶妙なんです。

防腐剤や着色料を使わず、吟味されたこだわりの素材を使って、独自の秘法で作り上げたという、手作りのチリメン山椒。京都の人がごひいきにしているという老舗の味は、贈答用にも最適。

折詰 72ｇ　1050円（はれま）

やきもち

子供のころから食べているおやつです。

江戸時代から名物だったという京都・上賀茂のやきもち。良質の江州米や北海道の小豆を使い、固くならないように工夫をした独特の味は、“名物”と呼ばれるにふさわしい。全国配送も可。1個 105円
（葵家やきもち総本舗）

アンデスティノのサプリメント

私の美容と健康に必要不可欠なのが、このサプリです。
食事だけでは、摂りきれない栄養を、サプリメントで補っています。

杉本彩プロデュースのサプリメント。ドリンクはプラセンタ、サビンナはピクノジェノール（フランス海岸松樹皮エキス）が主成分。プラセンタが、肌に活力を与えコラーゲンを再生し、そのコラーゲンをピクノジェノールが守るというしくみ。肌のハリと艶ならドリンク、潤い・シミ・生理痛にはサビンナがおすすめ。ドリンク（30ml　5 本入り）6300 円　サビンナ（45 粒・約 1 週間分）4200 円
（株式会社アンデスティノ）

＊こちらで紹介している商品のデータは 2008 月 3 月現在のものです。その後、変更される場合もありますのでご了承ください。

アンパサージュのエプロン

こんなエプロンがあったら素敵だなと思い、
私が欲しかったエプロンを自分で、プロデュースしました。
今回の撮影でも使っています。

杉本彩がプロデュースするブランド「アンパサージュ」から、ランジェリー・香水に続き、エプロンが登場。エプロンという機能性溢れるアイテムでありながら、女らしいラインやレース使い、光沢感のある素材使いなど、他に類を見ないデザイン性で人気を博している。これまでありそうでなかった、女性がたおやかで女らしい気分になれるエプロンコレクション。全国主要百貨店、アンデスティノの Web サイトなどで販売中。
エプロン各種　3150 ～ 8190 円（株式会社ジズハウス）

おわりに

杉本流レシピ、いかがでしたか？　私の感性がギュッと詰まった１冊になったと思います。

料理はテクニックだけじゃなく、感性が大切です。けれど、感性は常に磨いていないと、錆び付いてしまうもの。感性を磨くには、美味しいものをしっかりと味わいながら食べること。その舌の記憶と心の充足感は、料理を作るとき必ず役立つと思います。

素敵な洋服やアクセサリーで外見を飾ることも、女として確かに大切だけど、それらに執着し過ぎるあまりの物質主義的な生き方は、食を楽しむ“ゆとり”を失いかねません。食事は身体だけでなく、心をも作るということを、忘れてはいけないと思うのです。

そして、料理を作るときも、いただくときも、食材に対する感謝の心が何よりも大切です。私たちの命は、あらゆる命の犠牲の上に成り立っていることを、決して忘れてはいけません。その感謝の心があるか否かで、料理の発想も食べ方も、大きく変わってくるはずです。余ったから捨ててしまう、飽きたからもういらない、ではなく、別の調理法やアイデアで、また新たな美味しさを発見する。そんな“もったいない”の心がアイデアの源になることもあります。冷蔵庫のお掃除、と私は言っていますが、残った食材や冷凍庫のご飯などを使って、作ったこともないメニューにトライしてみるのも、結構楽しいものです。それが意外にヒットだったりすると、余計に嬉しくなったりして……。そうして日々の考え方や行動が、知らず知らずのうちに、感性に大きく反映されると思うのです。

感性は生活の質とも深く関わっていると感じます。生活の質とは、やたらにお金をかければ向上する、というものでもありません。愛する人や気の合う仲間と、美味しい料理をいただく楽しい時間と喜びを共有する。そんな何げない場面での幸せを、心から実感できる感性こそが、生活の質、ひいては人生の質、人間の質にも繋がっていくのではないでしょうか。

豊かな人生と共にある食事。限りある人生の中で、その一食一食を大切にして、美味しい料理で、人生にいっぱい栄養を与えてあげてくださいね。

INDEX

●お問い合わせ先

かき醤油　白だしかき醤油
株式会社アサムラサキ
TEL：0865-66-2727
http://www.asamurasaki.co.jp/

神聖　酒粕
株式会社山本本家
TEL：075-611-0211
http://www.yamamotohonke.jp/

七味
株式会社七味家本舗
TEL：075-551-0738
http://www.shichimiya.co.jp/

黒七味
原了郭
TEL：075-561-2732
http://www.kyoto-wel.com/shop/S81110

チリメン山椒
はれま
：0120-10-8070
http://www.harema.co.jp/

やきもち
葵家やきもち総本舗
TEL：075-781-1594

サビンナとプラセンタドリンク
株式会社アンデスティノ
：0120-979-154
http://www.un-destino.com/

アンパサージュのエプロン
株式会社ジズハウス
TEL：03-3470-3571
株式会社アンデスティノ
：0120-979-154
http://www.un-destino.com/

●プロフィール

杉本 彩（すぎもと・あや）

1968年、京都府生まれ。87年、東レ水着キャンペーンガールとしてデビュー。以降、映画、ドラマ、CM、バラエティーなど幅広く活躍。バラエティー番組『愛のエプロン』（テレビ朝日系）では、料理の腕前を披露し、芸能界の料理女王としても知られる。またバラエティー番組『ウリナリ』（NTV系）芸能人社交ダンス部でのダンスをきっかけに、ダンスの才能を開花させ、現在はアルゼンチンタンゴダンサーとして、独特の世界観を打ち出したエンターテイメントを確立し、公演するまでに。

表舞台の表現者として活動する一方、作家としても「インモラル」「京をんな」（新潮社）、「官能小説家R」（徳間書店）、「杉本彩快楽至上主義」（小学館）などを上梓。

2004年には、化粧品ブランド「アンデスティノ」を設立、またランジェリーブランド「アンパサージュ」のプロデュースも手掛けるなど、女性の美について追求し続けている。その独自のライフワークに多くの女性から支持を受けている。

●スタッフ

撮影	中本浩平（料理、人物） 富森浩幸（アイテム）
フードコーディネイト	こてらみや
ヘアメイク	重久聖子
装丁・本文デザイン	横山勝
構成	岡部徳枝
制作協力	吉田純子（オフィス彩）
編集	川上隆子（ワニブックス）

衣装協力 Unpassage. by Aya Sugimoto　designed by mimo. GARCIA MARQUEZ gauche

杉本彩の
男を虜にする料理

著者　杉本彩

2008年4月26日　初版発行

発行者　横内正昭
発行所　株式会社ワニブックス
〒150-8482
東京都渋谷区恵比寿4-4-9　えびす大黒ビル
電話　03-5449-2711(代表)
振替　00160-1-157086

印刷所　凸版印刷株式会社
製本所　ナショナル製本

定価はカバーに表示してあります。

落丁・乱丁の場合は小社営業部宛にお送りください。送料は小社負担でお取替えいたします。
ただし、古書店等で購入したものに関してはお取替えできません。

ISBN978-4-8470-1772-8

ワニブックスホームページ　http://www.wani.co.jp/